金粉舞う響き、
宇宙深淵(神縁)への超誘い!

空海からの【龍音】シンギングボウル

Ito Tengoku
伊藤てんごく。

ヒカルランド

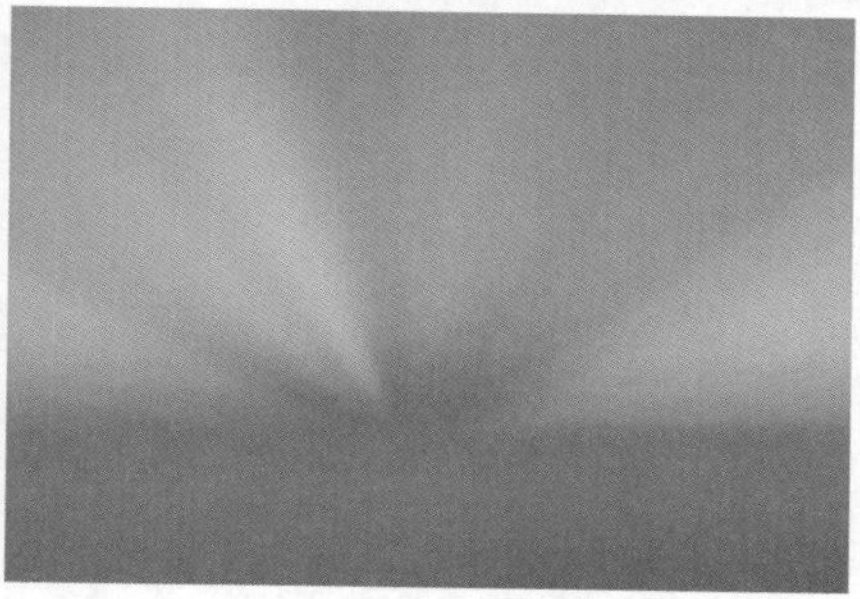

〔1〕西に太陽が沈むとき、地上3000mの東の空に現れた光の扇（富士山にて）

〔2〕足元が富士7合目、眼下中央に広がる雲海

〔3〕満月に近い月がこの位置にあることで太陽の光でないことがわかる

〔4〕この光の扇を見た翌日、意識を失い、魂が生まれ変わった

〔5〕高知　室戸岬　21m の巨大青年大師像

〔6〕巨大空海像の手から光が放射される

〔7〕巨大空海像の頭部から光が放射される

〔8〕香川　善通寺市のトークライブ　お客さんの体が透ける

〔9〕高次元のハトが現れる

〔10〕拡大　目も足もなく白地に金縁のハトが空中から現れる

〔11〕（左）根本氏　（右）てんごく。氏　1人だけ体が薄くなっている（右）

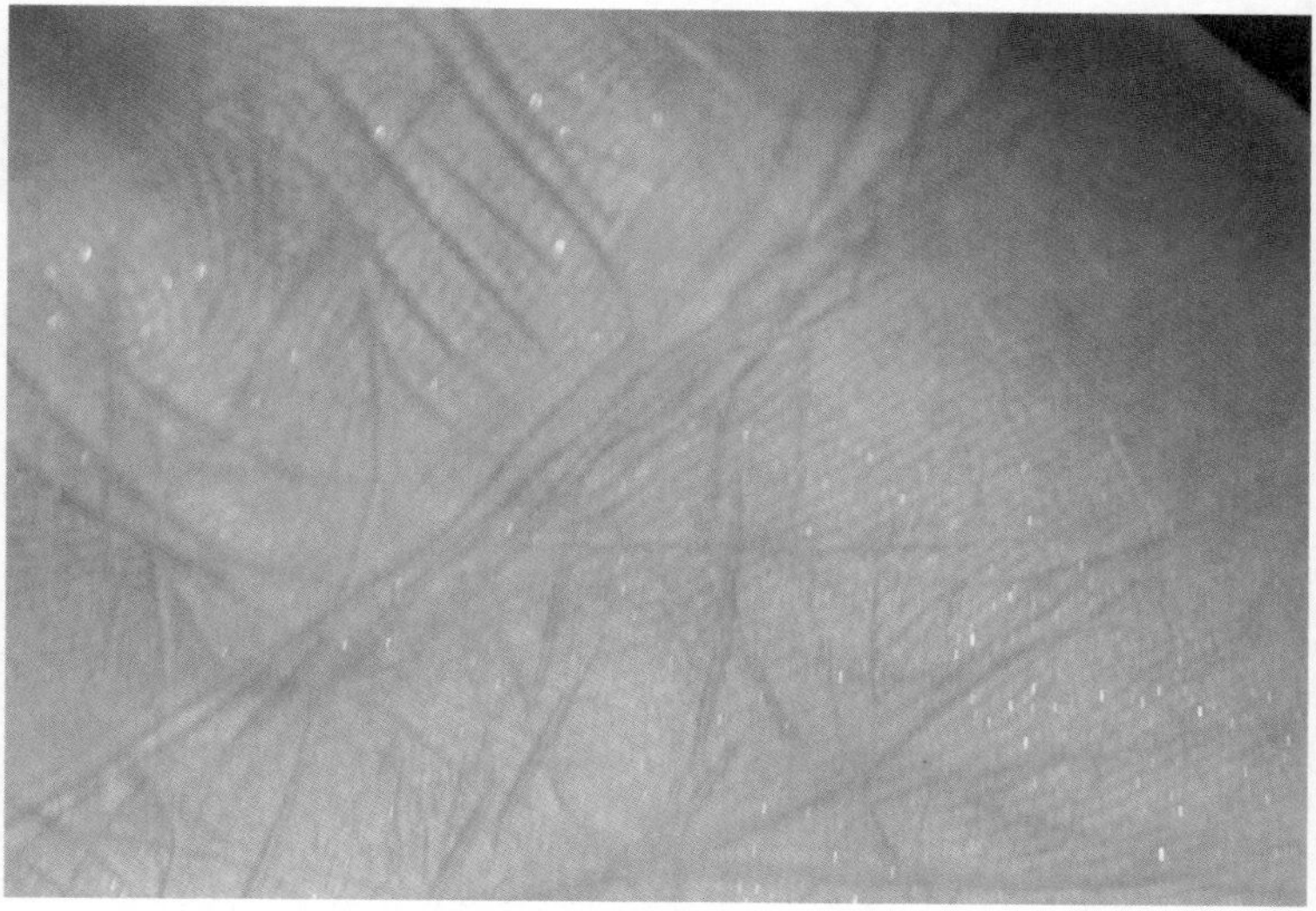
〔12〕同じ時空を共有することで金粉が現れる

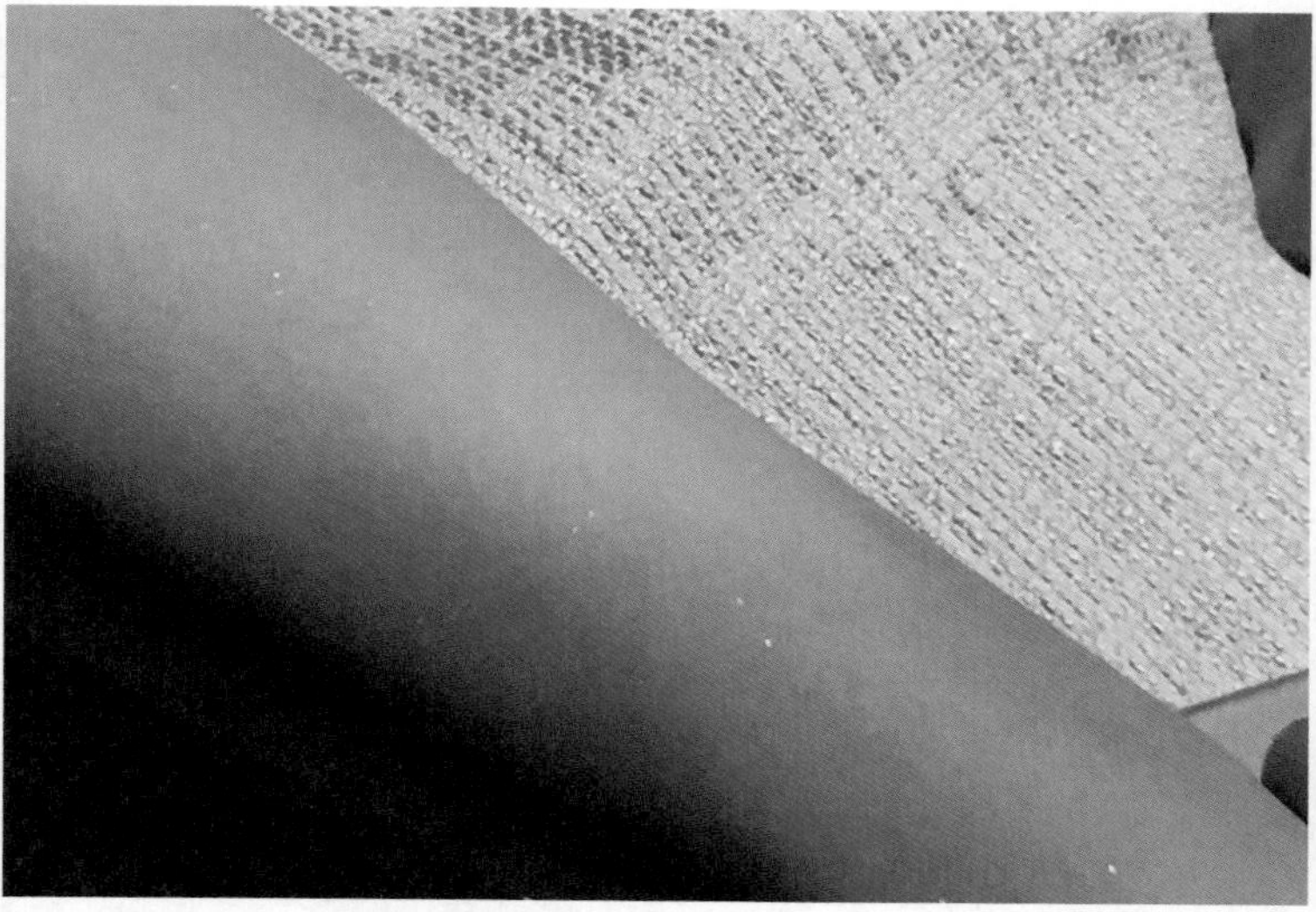
〔13〕腕からもうろこ状の金粉が現れる

〔14〕エジプト　ピラミッドにて、ボウルを鳴らした夜、雨が降った

〔15〕ゲートキーパーとしてエジプトの神殿に音を届ける

〔16〕テロスのアダマから頂いたクリスタル

〔17〕横から見た図　美しくカットされている

〔18〕アメリカ　カリフォルニア州　聖山シャスタ山

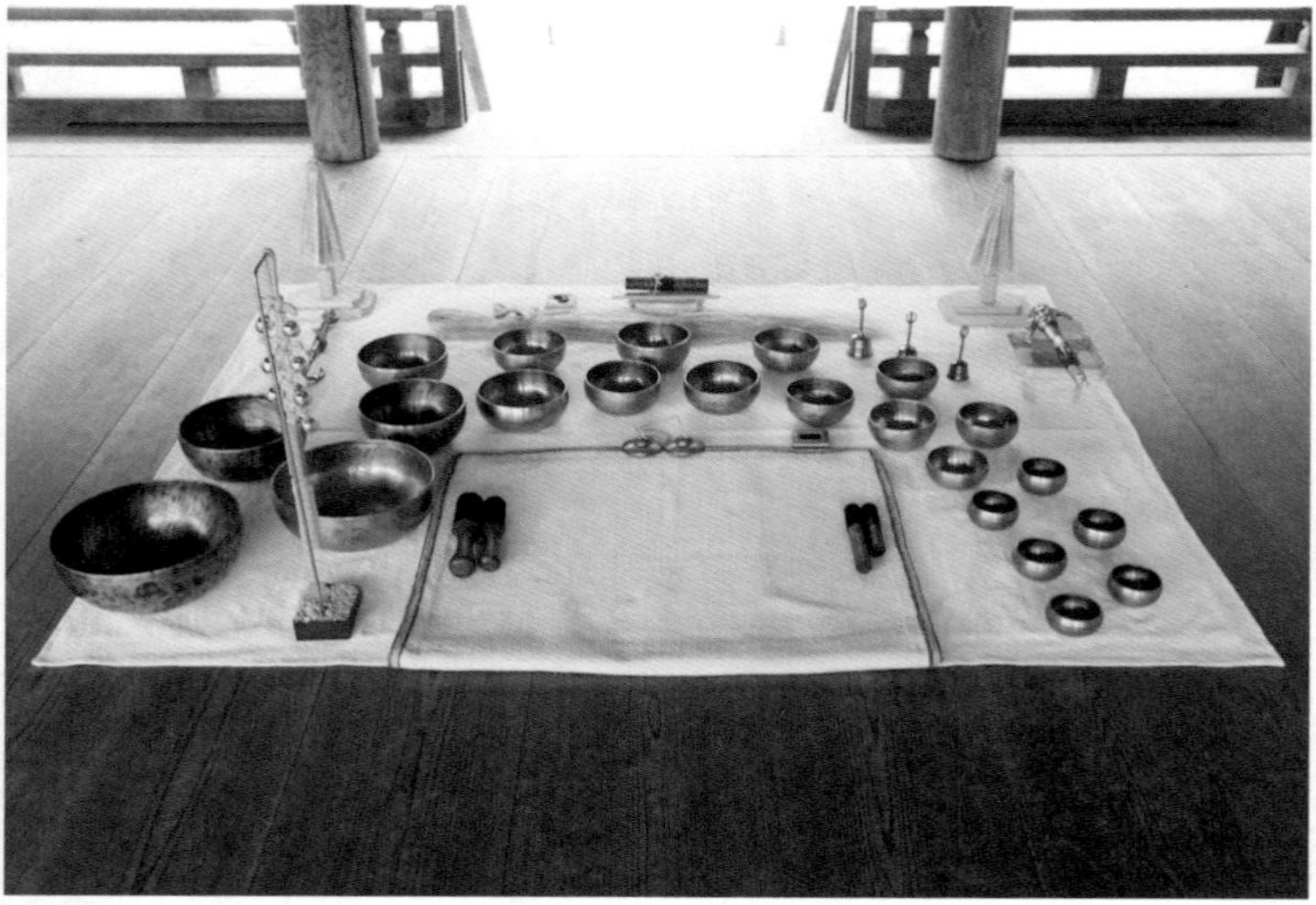

〔19〕龍音シンギングボウル22個のフルセット

３・11の震災のケガがなかったら、シンギングボウルをやっていない。

自分が本当にやりたいことをやろうと思って、音と波動をやり始めたら、そこから人生が大きく変わっていきました。

サラリーマンを続けていたら、全然変わらない、後悔する人生をずっと歩んでいたと思います。

僕が前世で何をやっていたのかを聞きました。

「あなたは空海とすごく年が離れていて、空海は宇宙の叡智を法にして言葉で人々に伝えていった。あなたは幼かったから、言葉ではなく、音で宇宙の叡智を周りにいる人たちに伝えていった」

それはどういうものかと聞くと、お寺でお経を読むときに叩くような鳴り物だという。シンギングボウルのことはテリーさんに言っていなかったけど、それはまさにシンギングボウルだとすぐに思えたのです。

あなたは龍ともつながっていたから、空の龍を呼んで、そのエネルギーを音で人々に伝えていって、周りの人たちはみんなそれを楽しみに聞きにきた。

空海が遣唐使から帰ってきて京都に行ったとき、あなたも京都で空海のいたお寺に一緒に住んでいたけど、そこで若くして死んでしまう。

それから空海は高野山に行くので、あなたは高野山には行っていない。

そういう前世でのことが明らかになったのです。

それから、僕がシンギングボウルを使って最近演奏を始めたことを言うと、あなたが奏でるシンギングボウルは自分のカルマも、人類のカルマも、地球のカルマも、宇宙のカルマも解消していく音だと言われました。

空海つながりのちょっと不思議なことで言うと、空海が生まれたといわれる香川県の善通寺というお寺に行ってお参りしていたら、薬師如来様から壺をもらったんです。

目を閉じていると、薬師如来様は手に癒やしの薬の壺を持っているのですが、その壺がピューッと飛んできて僕の手に乗った。

目を開けると、薬師如来様に手を合わせている。

いやいや、そんなことがあるわけないということで、目を閉じてもう一回お参りし直すと、また薬師如来様の壺がピューッと飛んでくる。

薬師の仏様だから、ヒーリングじゃないけれども、癒やしの壺をあげるから人々を癒やしなさいということなのかな。そのときに2回見せられたんです。

2016年に広島県の宮島で、厳島神社の隣にある大聖院というお寺でトークライブをやりました。

それも空海ゆかりのお寺でした。

そこで初めてお客さんとかスタッフに、「あ、手から金粉が出ています」と言われたんです。

私は銀色ですとか、白檀の香りがしましたとか、お香の香りがしましたとか、そんな人が何人かちらほらといたんです。

空海から教えられたのが、リアルアセンション＝即身成仏ということでした。

自分の生きている現実で、自分がやりたいこと、思っていることを実現し、理想の現実、幸せ、豊かさ、喜びを手に入れられた状態がまさにリアルなアセンションで、僕が目指しているゴールです。

カバーデザイン　重原 隆
カバーイラスト　佐藤英名（題名『彩雲の龍』）
編集協力　宮田速記
校正　麦秋アートセンター
本文仮名書体　文麗仮名（キャップス）

目次

Part I

不思議すぎる道行き！ 龍音シンキングボウルにはこうして巡り合った!!

Part Ⅱ

龍音は、死者も生き返る（!?）十種神宝《とくさのかんだから》と物部の神様と密接につながっていた!?

Part Ⅲ
前世も含めてこれだけの不思議!?
龍音は空海からの導きでまちがいない!?

Part Ⅳ

シャスタ山をはじめ世界中の聖地を龍音で癒やしていけば地球も人も浄化されていく

Part V

金粉がなぜ出るのか⁉　22で空海とつながる
龍音の神髄は、耳に届く音じゃない部分にあった⁉

Part Ⅵ

7つの惑星と共鳴するエネルギー⁉ なぜ満月の夜に鋳造するハンドメイド、セブンメタルのシンギングボウルを使うのか⁉

Part Ⅶ
龍音シンギングボウルの音に乗せて自分の願いよ！　宇宙に届け‼

Part I

不思議すぎる道行き！龍音シンギングボウルにはこうして巡り合った!!

3度の交通事故を生かされて、3・11では両足骨折！入院で気づかされたこと!!

僕は人生で交通事故に3度遭っています。

1度目は、5歳のときにダンプカーにはねられました。

愛知県の田舎に住んでいた僕は、バスで幼稚園に通っていました。

その日、たまたま締め切りの内職をかかえていた母は、バス停に迎えにくることができませんでした。

幼稚園からの帰りのバスを降りて、道路を渡った反対側のバス停（朝乗るバス停）に、誰が一番早く行けるかという競争を近所の5人の子と毎日していて、僕はいつもドベ（最後）かブービーでした。

ある日、バスの料金箱の前に一番先に立って、「今日は僕が一番だ。

ヤッタ！　勝った！」と思って、バスを一番先に降りて、道路を渡ろうとバスの後ろから飛び出したら、反対側から来た大きなダンプカーに見事にはねられて、反対側の崖に飛ばされたのです。

5歳でダンプカーにはねられたら普通は死にます。

顔を切って血だらけになりましたが、幸い、骨は折れませんでした。

「大丈夫？」と聞かれて、ダンプカーの助手席に乗せられて、バス停から数百メートル先の家まで送ってもらいました。

息子はダンプカーにはねられた被害者なのに、うちの母は、加害者に「送ってきてくれてありがとう」と言って、ダンプカーは帰っていきました。

警察を呼んで、事故だ、保険だということもなく、その日に限ってバス停に迎えに行くことができなかった自分を申し訳ないと思ったのか、全然怒っていなかった。

田舎だったこともあり、「まあまあ」でおさめてしまうような時代でした。

何十年も前の話なので、そのとき加害者だった人はもう存命ではないと思いますが、多分ずっと罪悪感を持っていたはずなので、どんな人生だったのかなと考えることがあります。

母が「送ってもらってありがとう」と言ったところは記憶に残っています。

2度目は20歳のころです。

車で交差点を右折しようとしたら、大きな車がいて前が見えず、対向車が来て、バーンと正面衝突しました。車は大破してその場から動かなくなってしまったけれど、傷ひとつ負うことはありませんでした。

3度目は22歳のときです。

会社の車で、長野県の蓼科を越えて佐久という町に行こうとしていました。

夜中の1時ごろ、峠越えをしていたら、日光いろは坂のようなカーブが続いた上に、霧で前が1メートルか2メートルしか見えない。

左後ろのタイヤがガタッといったので、タイヤが側溝にはまっちゃった、動けないなと一瞬思ったのですが、実はそこは側溝ではなくて、そのままガードレールのない崖を3メートルぐらい落ちて止まったのです。

車の窓ガラスがバリバリに割れました。当時は携帯電話もない。

そのとき、たまたま無線を積んでいて、町の人と「今、蓼科の峠を越えているんだけど」としゃべっていたのが不幸中の幸いで、崖を落ちても無線はつながっていたので「クレーン車を呼んでもらえませんか」と頼んで、クレーン車を呼んで引き上げてもらいました。

割れたガラス窓に段ボールをガムテープで貼って、車は何とか動いたので仕事場に向かいました。寒い日でした。

夜中に移動して、現地に早く着いたら仮眠しようと思っていましたが、結局寝ることもできず、仕事にギリギリ間に合いました。

大学を卒業して、同じリクルートスーツを着て、同じ髪型をして面接に行って、みんなで同じことをやっているのがロボットみたいでイヤでした。

当時、就職口はいっぱいあったので、来てほしいという会社は多く、地元の駐在さんが家まで来て、「おまわりさんになりませんか？」と言われましたが、警察官は自分には合わないと思いました。

就職活動をしないで、何かいい仕事はないかなと自分で見つけて、ほかより給料のいい会社に入ったのです。

名古屋の会社でしたが、1週間ずつスーパーで物産展をやるような催事の仕事だったので、地方に行かなければならない。

今週は長野、来週は神奈川、その次は大阪と、給料は多少よくても移動時間は仕事に含まれないから、結局はブラック企業で大変でした。

今思うと、20代までに3回も大きな事故に巻き込まれているのに、自分の中では何も気づかなかった。そのとき何かに気づいて、何かをやっていたら、もっと早く違う人生を歩んでいたかもしれない。

いろいろ大変なことがあっても、大切な何かに気づけないから、最終的に3・11で両足を骨折してしまうのです。

後悔しない生き方って何だ!? 入院先で自分が死ぬときのビジョンを見てしまった!

2011年3月11日14時46分、僕は東京の会社の中間管理職で、会社はビルの3階にありました。

建物がミシミシいって、メチャメチャ長く揺れました。

このままぺしゃんこになると終わりだなと思ったので、社員の避難口を確保するため会社の扉を開けて、下の非常口まで下りていったら扉が開かない。

また上の踊り場まで上がって、どうしようと思って、その踊り場に隣接していた自転車置き場の屋根に下りようと思ったら、まだ揺れているので着地できず、アスファルトに落下してしまいました。

その瞬間からもう一歩も歩けませんでした。

それから少したって揺れがおさまって、会社のメンバーがゆっくり出てきて、倒れている僕を見つけたのです。

よくテレビドラマにあるような、飛び降りて死んだ人の回りに人が集まって上からのぞいているシーンを、冷たいアスファルトに寝ながら冷静に見ている自分がいました。

あの日はとても寒い日で、アスファルトはとても冷たかった。

そこはちょうどゴミ置き場の前だったので、同僚が段ボールを持ってきてくれて、とてもありがたかった。

段ボール1枚でもすごく暖かくて、段ボールにすら愛を感じました。

そこで歩けなくなってしまったのですが、救急車は電話がつながらないので、流しのタクシーを呼んできてくれて、押し込むようにタクシーに乗せられて病院に行ってレントゲンを撮ったら、「両足とも骨折してますね」と言われて、その日からゴールデンウイークまで約2カ月間、入院しました。

3・11からゴールデンウイークまで入院し、そこから4カ月、会社に行けなくて給料ゼロなのに、社会保険や厚生年金の天引きはあるのです。会社から給料の振り込みがストップすると天引き分がマイナスなので、「8万円払ってください」と会社から請求書が来ました。

そのとき、僕がいなくても仕事は回る、給料が突然なくなっても、誰かがお見舞いに来るわけでもなく、会社から来るのは請求書だ、こんな会社のために毎日電車に長時間揺られて、サービス残業をして、上がるかどうかもわからない給料のために仕事をしている自分って一体何だろうと思ったのです。

入院しているときは、歩けないので、トイレに行くにもナースコールで看護師さんを呼びます。

そうすると、うら若き女性のナースが4人来て、両手両足を持ってベッドから車椅子に乗せて、トイレまで連れていって、パンツを下ろされてというハーレム状態（？）を体験しました。

これはとても複雑な心境でした。

なぜかお風呂に入るときは介助がありませんでした。

普通なら、バーッと洗って、バーッと乾かして終わりですが、車椅子でお風呂に行って、車椅子をどこに置くか、タオルをどこに置くか、下着をどこに置くか。濡れないところに置くと、今度は洗い場からそこに行くまでが大変です。

歩けないから匍匐《ほふく》前進です。タオルの場所まですごく遠い。

そんなことにすごく頭を使いました。

あの震災で一番大きかった出来事は何かというと、入院していて寝たきりなんですが、時折、まぶたの裏にビジョンが見えるんです。

誰かがベッドに寝ている。

これはどこかの病院だなと思って見ていると、ちょっと年老いた自分が死ぬ瞬間です。

映画を見ている感じで、最期に何と言って死んでいくんだろうと興味が湧いてずっと聞いていたら、最期に、「ああ、もっとやりたいことをやればよかったなあ」と言って死んでいく。

僕は死ぬときにすごく後悔している、こんな人生はイヤだなと思いました。

多くの人は、死ぬとき最期に気づくんです。

僕は、3年先か、20年先か、50年先か、寿命はわからないけど、後悔して死んでいく。

これから先も後悔する人生をずっと歩んでいくのだったらイヤだなと思いました。

後悔している未来の自分がいるけど、幸いなことに、今はまだ死ぬタイミングではない。

足は動かないけど、あとは元気だ。

じゃあ、ここから後悔しない生き方をすれば、死ぬときの一言が変わる。

やり切ってよかった、満足した人生だったと思って死ねるように、今日から生きればいいんだと思いました。

入院中は、仕事も給料もない。

途中からリハビリは始まるけど、三食昼寝つきで、一日中やることがなくてヒマなんです。

車椅子に乗れるようになると、窓のところに行って遠くに見える富士山を見ながら、僕はこれから何をやるんだ？　後悔しない生き方って何だ？と、毎日問いかけていました。

やりたいのは、波動だ！　波動ならこの人だ！江本勝先生の会社の門を叩く!!

そんな中で出てきたのが、やっぱり波動測定をやりたいということでした。

3・11から17年前の1994年、江本勝先生に会ったことがありました。

当時は、第1次波動ブームで、500人ぐらいの会場の講演会に行きました。

まだ1時間あるなと思って、名古屋の白鳥ホールのレストランで一人ランチを食べていたら、目の前のテーブルにあずき色のダブルのスーツを着た紳士が座って、面と向かい合う感じになりました。

それが江本勝先生でした。講演を聞きにきた波動の先生が今、目の前にいる！　それが最初の出会いでした。

当時は波動測定の機械が８００万円ぐらいしていました。僕は20代のサラリーマンで、年収もたかが知れています。

波動に興味はあったけど、年収の何倍もする機械はとても買えないなと思ってあきらめていたのです。

それから、３・11の後、自分が死ぬときのビジョンを見てすごく後悔していたので、やっぱり波動測定をやりたいと思って、江本先生の会社の門を叩くのです。

江本先生と再び出会って、波動についていろいろ学ぶことになりました。

それから僕は、一生懸命学ぼうと、波動測定器も何とか手に入れて、いろいろ講座にも出て、江本先生から直接認定を頂いたのが２０１４年の５月です。

江本先生の講義は海外で人気だったので、受講生の7割は世界各国から来ていて、20人いたら15～16人は外国人、4～5人が日本人という中に僕もいたのです。

僕が認定を頂いた5カ月後に江本先生が亡くなりました。

そうしたら、不思議なことに、「江本先生が生前やっていた『祈りの力』という講義を、〝てんごく。〟さん、やってくれませんか」というオファーをもらって、江本先生がやっていた講座を僕が受け継ぐことになりました。

3・11をキッカケに、後悔しない人生を送ろうと決めて、波動について学びを深めたいと思った。

20代のころ、おカネ持ちだったら、波動測定器を買ってやっていたと思うんですが、昔は買うことができなかったので、自分の中に後悔が残っているんです。

やりたかったけどできなかったことをとにかくやろう。

学ぶのならやはり江本勝先生だと思って、学んでいくのです。

もう一つ、これからは音の時代が来ると思いました。

別にピアノが弾けるわけでもなく、ギターがうまいわけでもない。プロのミュージシャンになるなんて、どう考えても今からではムリです。

昔、多少バンド活動をしていたとしても、何十年もブランクがあったら、なかなか難しいのです。

そんなに探したわけでもないのに、こうしてシンギングボウルに決めました!?

音でできることが何かないかなと探したら、クリスタルボウルをやっている人が何人かいたのですが、何か女子っぽい感じがして、僕が今から始めるのはちょっと違うなと思いました。

そのころから、「どうやって成功していくのか」というキーワードが自分の中で随所にあって、こうやったら成功するけど、こうやったら失敗するというのが、最終的に「リアルアセンションメソッド」という形で、人生を変えていくためのメソッドとして確立していくのです。

そんなとき、クリスタルボウルでもなく、もっと他に何かないかなと思っていたら、YouTubeか何かだったと思うんですが、入院中にたままシンギングボウルを知って、これはいいなと。

音が男性的というか、クリスタルボウルに比べるとグラウンディングしている感じがあって、これをやってみたいと思ったんです。

そんなに探したわけでもないのに、直感でふっとシンギングボウルに決めたのです。

当時はシンギングボウルを売っているお店がほとんどなく、お店を探して、値段は高かったけど7つばかり手に入れました。

でも、どこかで講座を受けて勉強しようという気はさらさらなくて、独学でやるようになりました。

そこからだんだんシンギングボウルの魅力に取り憑かれていって、自分でイベントをやったり、トークライブとかで地方を回っていくようになるのです。

3・11の震災のケガがなかったら、シンギングボウルをやっていない。自分が本当にやりたいことをやろうと思って、音と波動をやり始めたら、そこから人生が大きく変わっていきました。

サラリーマンを続けていたら、全然変わらない、後悔する人生をずっと歩んでいたと思います。

どん底の中、耳元で聞こえた「汝は人のために尽くせよ」の声!?

1994年に江本勝先生と出会って、その1年後に地下鉄サリン事件があって、世の中が騒いでいるころ、僕は人生のどん底でした。

ヘッドハンティングで転職した会社は、社長が女性を連れてきて、僕が部長なのに、「おい、これからはあいつが部長をやるから、君はその下でやってくれ」。そんな感じのことが横行していた会社でした。

おカネはないわ、仕事はダメになるわ、恋愛はうまくいかないわ、そんなどん底の中で、1995年5月6日の朝6時35分、初めて耳元ではっきりと不思議な声を聞いたんです。

今までスピリチュアルな声を聞いたことは一度もありませんでした。

どん底の状況の中、ひとりぼっちで住んでいる。6時半は早いので、もう少し寝たいなと思っても、まぶしいから眠れない。意識はハッキリしていました。

そんなとき、耳元で、「汝は人のために尽くせよ」という声を聞いたのです。

「汝」っていったい、いつの時代の人？　ゆっくりと話すその声は威厳があってすごく低い声でした。

声なき声が聞こえるというのではなく、誰もいないのに、音として耳元で聞こえた。これ、一体、誰？と思いました。

それから半年たって、初めて高野山に上がることになるのです。

テリー・サイモンズさんのチャネリングでその声は「クーカイ（空海）」と判明した!?

話は飛びますが、その20年後の２０１４年に、アメリカから、アシュタールという宇宙存在のチャネルをするテリー・サイモンズさんという人が来て、縁あってその人のチャネルを受けることになりました。

20年前の１９９５年５月６日の朝、「汝は人のために尽くせよ」という声を聞いたのですが、「それは誰？」と聞いたら、「クーカイ（空海）」と言ったんです。とてもパワフルな空海の姿が見えている、と。

テリーさんはフルトランスチャネルといって自分の体を完全に明け渡す形でのチャネリングを行います。そこにアシュタールがバーンと入ってきて、それでアシュタールが「空海」と言ったのです。

20年前から空海が来ていたのか。

当時は、どうやって人より稼ぐか、どうやって人より出世するか、あわよくば社長にでもなろうとか、自分のことばかり考えていたので、人のために尽くすなんていうことはさらさらできていなかった。

20代なんてそんなものですが、それからずっとその声が記憶に残っていたのです。

その後、２００７年に、「〝てんごく。〟だよ」と、天使のような声で言われたのが２回目です。それからもう15年以上たっています。

初めてテリー・サイモンズさんのセッションを受けたのは、江本先生が亡くなった直後の２０１４年11月18日です。

その４日後に僕は熊野に入る予定になっていたので、熊野と何か縁があるのかとか、江本先生は亡くなったけど、今どこで何をしているか、何かメッセージはあるかといろいろ聞いて、セッションの終わりの30秒で、そういえば空海も好きなんだけど、何か空海との縁がありますかと聞いたんです。

そうしたら、「He is your big brother（彼はあなたのお兄様だった方です）」「信じるのも信じないのもあなたの自由です」と言われて、それで終わってしまいました。

テリーさんはアメリカから半年に一回来日していたので、半年待って2015年の春に大阪まで会いに行きました。

僕は、空海と兄弟だというのはちょっと信じられなかったので、空海との縁について聞きたかった。

当時、空海がどこで何をやっていて、僕はどこで生まれて、何をやって、どこで死んでいったのか、ストーリーを教えてほしいという話をしたんです。

そうしたら、「空海は四国の讃岐（香川県）で生まれて、あなたも同じように讃岐で生まれた。

京都の東寺にもあなたが当時使っていたものがあるから、自分で行けば、そのエネルギーでわかる。

そこから北にちょっと行って、西に行ったところであなたは死んだ」と英語で語られました。

何か早く死んだ感じがしていたので、「若くして殺されたりしましたか」と聞いたら、殺されたということではなく、空海がつくろうとしていた大きなため池の周りの石を跳んで遊んでいて、足を滑らせて頭をぶつけて死んでしまったらしい。

若くしてあなたが死んだので、空海はとても悲しんで、ため池をつくるのを途中でやめ、そのため池は小さな規模のものになった。そこは、今は水がないが、水を入れようと思えば入るような場所で、窪地としては今も残っていると、とても明確に言われました。

東寺から北にちょっと行って、西に行ったところであなたは死んだと言われたので、それはどこかと思って探していったら、1カ所だけ、以前に行ったことがある神社がありました。そこには窪みがあって、水が入るような場所もあって、窪地みたいになっている。

そこだとわかったので、また半年待って、「僕が前世で死んだところはここですか」と、その写真をアシュタールに見せたら、「Absolutely, yes（間違いない）。よくここを見つけたね」。

実はそこは探して見つけたのではなくて、何かわからないけど魅かれて、2012年に京都に行ったとき、その神社だけに行きたくて電車に乗って行ったことがあったのをハッと思い出したのです。

前世でもシンギングボウルを鳴らして龍を呼んでいた!?

僕が前世で何をやっていたのかを聞きました。

あなたは空海とすごく年が離れていて、空海は宇宙の叡智を法にして言葉で人々に伝えていった。あなたは幼かったから、言葉ではなく、音で宇宙の叡智を周りにいる人たちに伝えていった。

それはどういうものかと聞くと、お寺でお経を読むときに叩くような鳴り物だという。シンギングボウルのことはテリーさんに言っていなかったけど、それはまさにシンギングボウルだとすぐに思えたのです。

あなたは龍ともつながっていたから、空の龍を呼んで、そのエネルギーを音で人々に伝えていって、周りの人たちはみんなそれを楽しみに聞きにきた。

空海が遣唐使から帰ってきて京都に行ったとき、あなたも京都に行ったけど、そこで若くして死んでしまう。

それから空海は高野山に行くので、あなたは高野山には行っていない。

そういう前世でのことが明らかになったのです。

それから、僕がシンギングボウルを使って最近演奏を始めたことを言うと、あなたが奏でるシンギングボウルは自分のカルマも、人類のカルマも、地球のカルマも、宇宙のカルマも解消していく音だと言われました。

誰かの講座に行ったり、師匠について学ばなくても、前にやっていたから、あなたはそれができるはずだ。今回はそれをやりに来ているのだからと。

音を鳴らすことがすべてのカルマ解消の作業になっている。じゃ、これをいろいろなところでどんどん広げていけば、もっといい。例えば、お寺がある場所はだいたい過去に戦があった場所なので、そこで亡くなった御霊とか、土地のネガティブなエネルギーを全部浄化しているので、それはすごくいいことだと言われた。

ちょうど全国を回っていろいろなところで奉納演奏をやり始めていたタイミングだったので、ああ、そういうことなのかと、腑に落ちました。

そして、不思議なことに、数年後、空海の聖地高野山でも奉納演奏することになるのです。

〝てんごく。〟という名前は、天使のような声で降りてきた!?

実は2007年ぐらいから僕はブログを始めているんです。

今はYouTuberがはやりですが、15年前はブロガー全盛の時代でした。

サラリーマンをやりながら、会社と全然関係ないことをやるので、あまり名前も出せませんでした。

当時は、Facebookもまだなく、SNSのはしりのmixiというのがはやっていて、ニックネームをつけたくていろいろ考えていたけど、自分の気に入ったものがなかった。

あるとき、美容室の経営に携わっていた時期があって、そこのレジにいたら、中性っぽい感じで、天使のような声が聞こえたんです。「〝てんごく。〟だよ。最後にマル。平仮名だよ」と。「〝てんごく。〟」か。よくわからないけど、それでいいかと思って、「〝てんごく。〟さんのスピリチュアルワールド」というブログを書き始めたら、それがスピリチュアルランキングにずっと出るようになっていって、その界隈では、名前がある程度知られるようになりました。

富士山で生まれ変わる

3・11でケガをする前の年に、ちょっと不思議なことがありました。僕はブログを始めたころから富士山が大好きで、2008年に初めて富士山に登るのですが、そのときは単独登山でした。

そうしたら、山頂でご来光を撮った写真にUFOが写っていたんです。

そのときは見えていなかったのですが、何枚か撮ったのを後で見たら、UFOがだんだん遠くに離れていっている。

それから富士山に毎年登ろうと思って、2年目の2009年は、友人2人と僕の3人で登りました。

僕は高山病に弱くて、富士山の上のほうに行くと酸素が薄くて気持ち悪くなるので、2人に先に山頂に行ってもらって、僕は後からゆっくり登ったんですが、結局9合目でダウンして、岩陰に隠れてご来光を待ったんです。

そうしたらご来光が見えて、ご来光を写した写真に木花咲耶姫《このはなさくやひめ》みたいな姿の雲がありました。

下山してから温泉に行って、「今日はご来光を見られてよかったよね」と言うと、周りの人たちがすごくけげんそうな顔をするのです。

あとで聞いたら、9合目は見えていたのに、山頂には笠雲がかかり、霧雨が降っていてご来光は見えなかったということでした。

3年目は、ある男性と一緒に登りました。

その人は、10年前、友達に誘われて2人で富士山に登ろうとしていたのですが、登る直前に、その友達が「ごめん。やっぱりオレ行けないわ」と言って消えてしまったので、登山用具を一式準備したのに行けなかったのです。

僕は毎年行っているとブログに書いているので、

「〝てんごく。〟さんは毎年富士山に行ってますよね。今年も行くんですか」

「はい。今回は須走口から登って、7合目の大陽館という山小屋に泊まりますよ」

「え！」

「何か？」

「須走口は、10年前に友達が登ると言ったのと同じルートなんですよね」

「それがどうかしました？」

「大陽館も、10年前に消えた友達が予約していたのと全く同じなんですよ」

偶然の一致にしてはすごすぎるな、と思いながら、その人と2人で登りました。

山小屋で与えられるスペースは1人当たり横80㎝くらいの窮屈なスペースで多くの人が雑魚寝するのですが、この日私たち2人は、一番端のスペースの神棚の下にすっぽりと収まったのです。

その日の夕方、須走口は富士山の東側で、太陽は西側に沈むのに、須走口の山小屋の前を見ていたら、東の空の地上3000メートルの雲海の上に光が1本、2本、3本とだんだんふえていって、最終的にピンクと紫色の光の扇がウワーッと出たんです（巻頭カラー1ページ参照）。

この日僕は、金剛杖に「瀬織津姫奉納・木花咲耶姫奉納」と書いたピンクと紫のリボンを結んで、「ひふみ祝詞」を唱えながら登っていったのです。それが8月21日でした。

8合目から上は断食登山をしようと思っていました。

次の朝、8合目に上がってトイレ待ちをしているときに、僕は意識を失って倒れたんです。

実は、僕が高山病に弱いから、一緒に行った友達が、「お医者さんから高山病の薬をもらってきました」と言って、好意でくれた薬を飲んだんです。それは体の中のミネラルを全部流す薬だったようで、断食していた上にそれを飲んだので倒れて、石に頭をぶつけて流血してしまったのです。

意識が戻るとレスキューが来ていて、

「ヘリを呼びますか」

「ヘリって幾らかかるんですか」

ヘリが来てニュースになるのもイヤだけど、それよりも値段のほうが心配です。

「最低10万円はかかります」

「じゃ、歩いて帰ります」

と言って、体調が少し回復するのを待って歩いて下山しました。本当は100万円ぐらいかかるそうです。

僕の誕生日は2月28日、この倒れた日は8月22日、228↕822でちょうど表、裏の関係になり、この日意識不明になったときに、魂が生まれ変わったらしいのです。ここにも空海の22、龍の8という数字が現れました。それが2010年のことです。

2008年から富士山に登り始めて、2009年、2010年と登って、死ぬまで毎年富士山に登ろうと思っていたのですが、このとき、来年からは登らないかもしれないと、倒れる前から急に気持ちが変わっていました。

「富士山は今年で最後だ。もういい」と、何かわからないけど、もう登らないかもと気づいていたのです。

何でだろうと思っていたら、それから半年たって、3・11の東日本大震災で骨折し足が動かなくなる。

登ろうと思っても登れないというのが2011年です。

このときに倒れて、石に頭をぶつけて流血して意識を失ったというのが、空海の時代に、京都の東寺から北西に行ったところに空海がつくろうとしたため池の周りで足を滑らせて、石に頭をぶつけて死んだという前世の亡くなり方と一緒だったのです。

富士山で倒れたときに、空海の時代の魂なのかはわかりませんが、それが移り込んで生まれ変わり、それから震災で被災し、音と波動の世界に行くキッカケになったのです。

3年間の富士山の前哨戦があって、半年後に3・11があって、物理的に肉体も壊れて行けなくなるということなんです。

富士山はもういいと思って、次の月になぜか導かれるように諏訪大社に行きました。

諏訪大社の前宮は諏訪大社の中では一番古いお宮らしいのですが、そこに行ったときに、「あ、ここに神様がいる」と思いました。反応するのです。

こういうことか、もうわかったぞ、何かを追い求めていくのではなくて、これでいいと、そこで何かを感じ取って完成した。それで、それまでの追い求めている感じがなくなっていくのです。

Part Ⅱ

龍音は、死者も生き返る（!?）
十《と》種《くさの》神《かん》宝《だから》と物部の神様と
密接につながっていた!?

5年かけて「近畿の五芒星」を完成させる!?
その意味こそは「神界からのテーマ」の現実化なのか!?

ここから近畿の五芒星の話が始まります。

2010年に富士山で倒れて、その直後、元伊勢皇大神社に行き、2011年に震災で両足を骨折しているのですが、なぜか伊吹山に行くことになって、杖をついて山頂まで登りました。その後2012年に淡路島の伊弉諾《いざなぎ》神宮に行きましたがちょうどこのとき、金環日食がありました。そして2013年は、伊勢神宮と出雲大社の遷宮があったので、出雲に行ってから伊勢に行きました。

そのとき、近畿の五芒星に気がついたのです。

2010、2011、2012、2013と来て、2014年にもし

5年かけて「近畿の五芒星」を完成させる!?
その意味こそは「神界からのテーマ」の現実化なのか!?

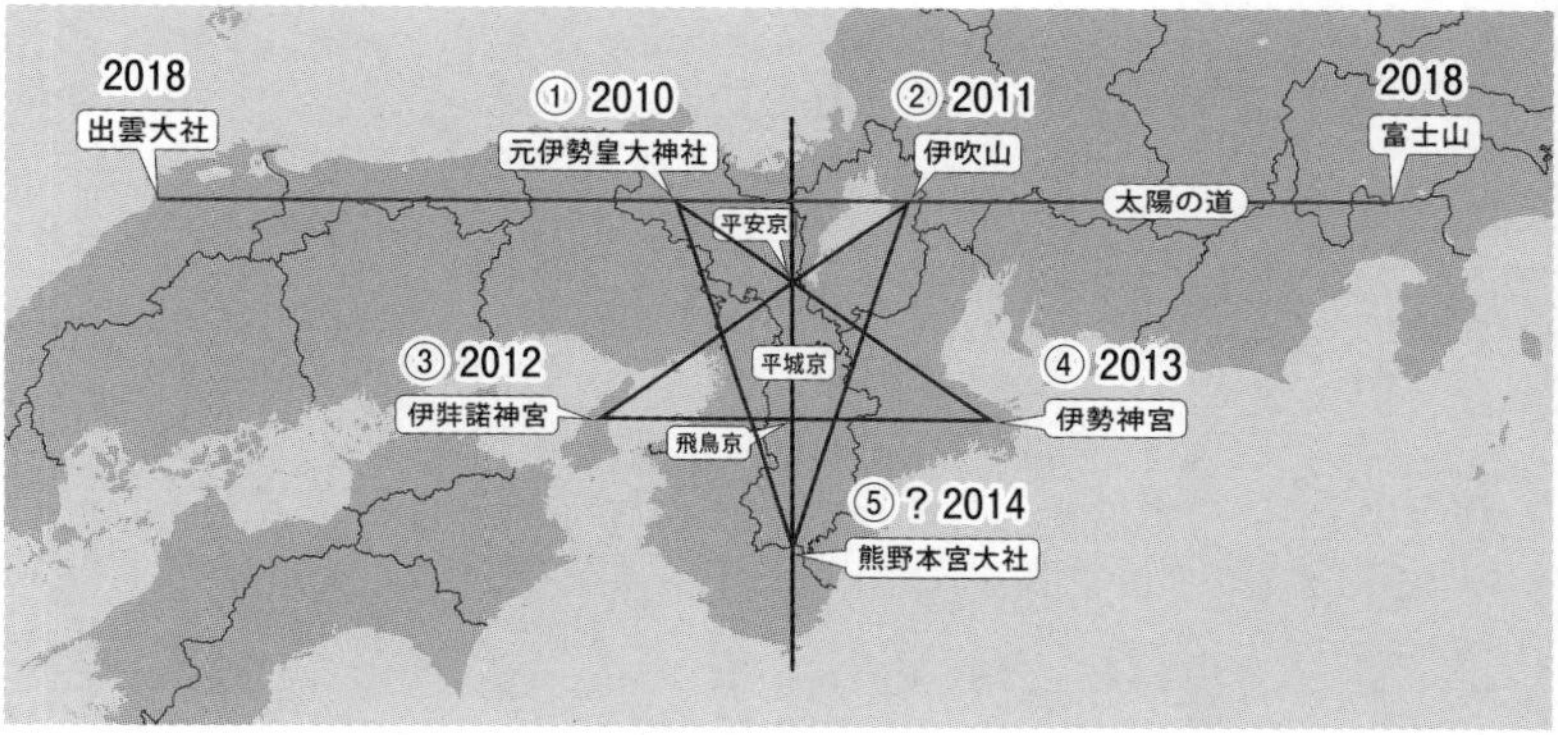

自分が熊野に行くことになったら、5年かけてこの五芒星を回って完成することになる。

でも、「熊野に行きたいね、じゃ、行こうか」と言って自分で行ったら、この話は自分でつくれますから、あえて自分からは熊野に行かないことにした。

もし5年かけてそこに行く意味があるのなら、多分呼ばれるはずだと思ったのです。

そうしたら、2014年11月に熊野に呼ばれたのです。

スピ系とかいろいろなゲストを5人呼んで熊野に行くバスツアーのゲストのひ

とりに入ることになりました。

それで、5年かけてこれを完成したのですが、この五芒星が何かというのが後々わかってきます。

2014年、熊野に入る直前に「私と熊野の関係」を聞いたときに、アシュタールはこんなことを言いました。

「昔々その昔の話ですが、熊野にいたとき、あなたはとても強い戦士でした。武器を持ち、三日月型の剣を持っていました。信仰心も強く宗教的であり、とてもパワフルな人でした。そしてあなたは村のリーダーとなったのです。

あなたは星を読むことができました。第3の眼を使い星読みをし、天の声を降ろしていたので、村のみんながあなたの周りに集まってくるようになったのです。

他の人たちが語ることができない言葉をあなたが語っていたので、村人たちにとても信頼されていたのです。時が経ち、あなたは刀を置き、山々の開拓をしていきました。

ところがある時、王があなたを恐れました。影響力の強いあなたを亡き者にしようとしましたが、あなたは去りませんでした。山々のふもとであなたにはやることがあったからです。

あなたが天の声を明解に語るので、偉大な真実を語っているということを誰も疑う余地はなかったのです。

王が兵士たちを連れてやってきて、あなたの権力に終止符を打とうとしました。あなたのみんなの考え方を変えてしまうほどの影響力をなくし、王のみが影響力を持ちたかったのです。

王はあなたを打ち首にしようとし、あなたを縄で縛り、処刑場へと連れて行きました。兵士があなたの首をはねようと斧を振り上げたとき、あなたは天の声を降ろしました。

それと同時に振り下ろした斧がバキッと折れ、それが皆に奇跡だと思われ、あなたは自由にされたのです。それは神があなたの刑の執行を阻んだということで、皆が恐れを抱きました。王も恐れを抱き、あなたのことを認めざるを得なかったので、刑の執行は中止されることになったのです。

そのような形であなたはその後もその場所で村の人々のために尽くしていったのです。あなたはまだ村でやることがあったからです。それが熊野です」

私が何一つ情報を出していないのにもかかわらず熊野と私とのつながりを聞きたいと言っただけでこのようなことがとても明確に語られたので私自身もびっくりしました。

私と熊野のつながりの話をアシュタールに聞いたのが2014年11月18日。

その4日後の11月22日、私は熊野ツアーのゲストとしてツアーに参加するため、近畿の五芒星の最終地点、熊野に向かったのでした。

数カ月たったころ、どこからともなくニギハヤヒ、ニギハヤヒというインスピレーションを常に感じるようになりました。

それと同時に、アシュタールの話した熊野での前世の話が、神武東征のときのニギハヤヒの国譲りの神話とよく似ているため、ますます気になるので今度はニギハヤヒと私の関係を聞いてみました。

するとアシュタールは「You were him（あなたが彼だったのです）」と答えたのです。ニギハヤヒとはどんな存在なんだろうと思って調べてみると、その命日が11月22日とあり、空海の22ともつながります。

私が独立した2013年11月22日ともぴったりつながるのです。まだこのときは、ニギハヤヒはもちろんのこと、龍音も、空海とのご縁も、全く知る由もなかったのです。

今はこの122という数字が私の中でのラッキーナンバーともなっているのですが、こんな不思議な出会いで私は122という数字と自分の関係を知るのです。

それからもっといろんなことを調べていくと私はもともと大物主とい

う魂の系列にあって、このニギハヤヒが地上に存在したときにはその魂の一部としてその中にいたということらしいのです。

そんなこともあってニギハヤヒという存在をより強く意識するようになり、アシュタール曰くニギハヤヒのために降ろされたという近畿の五芒星、そして歴史書に記載のあるニギハヤヒの十種神宝がとても気になるようになりました。

熊野に行った後、ちょっと間があいて、2018年3月30日に富士山本宮浅間大社で奉納演奏をしました。桜が満開の日でした。

その1週間後の4月8日に、出雲大社では参列者60人ぐらいの結構大きなイベントになってしまったのですが、日曜日に拝殿を一時間貸し切りにして奉納演奏をしました。この日の深夜、出雲では17年ぶりの巨大地震、震度5強の島根県西部地震が起こったのです。「奉納演奏お疲れさまでした」と頂いた大きな花束を宿の人が花瓶に生けてくれたのですが、深夜、誰もが飛び起きるほどの長く大きな揺れにもかかわらず、花瓶の花が倒れることはありませんでした。この地震は不思議な力によって起こされていると思いました。

そしてその1週間後の4月15日に、もう一回、富士山に戻って、富士山本宮浅間大社でトークライブを行ったんです。

結局、3年かけて富士山に登って、元伊勢皇大神社から始まって、伊吹山、伊弉諾神宮、伊勢神宮、熊野本宮大社を5年かけて回り、2018年に出雲と富士に行ったことで、見えない世界が大きく動き何かが始まったのです。

近畿の五芒星のド真ん中が奈良の平城京になっているのですが、その上でラインがクロスする所が平安京です（63ページ図参照）。

奈良の都は飛鳥京から平城京へ上がっていって、この中心の線の上の都が栄える。

長岡京のように、この中心ラインからちょっと外れると10年で戻るというのがあって、このラインが結構大事だったようです。

全然知らないで5年かけて近畿の五芒星を回っていって、最後に気づかされた。富士山も、出雲も、龍音と奉納も、神々も、空海も、全部つながっているんです。

富士でトークライブを行った次の日から、お客さんの中に、金粉が出るだけじゃなくて、今度はオーラが見えるようになったとか、言葉が聞こえるようになったとか、龍が見えるようになったとか、いろんな能力が開発される人がふえてきた。

トークライブが終わった後に神社に行った人が、「何か神様の声のような不思議な声が聞こえてきます」と言って、メモしていろいろ教えてくれたのですが、それは明らかに人間がつくることができないような内容です。

それから、龍音とは一体何なのか、これから何をやっていくべきなのか、そういうことが示されていくのです。

最終的に、日本列島を音で浄化するということが西の出雲から始まり、神界からのテーマということで、「龍音」に乗せられて神々の願いが届けられているのです。

行くところ、行くところ、ある人を通して神様からの言葉が降ろされるようになり、龍音は、ただ自分ひとりでやっているだけではないんだなと思うようになりました。

現実の営みの中で次元上昇する「リアルアセンション」を伝え始める!!

空海が悟りを開いた高知県室戸岬の洞窟の近くの明星来影寺というお寺に、21メートルの巨大な空海の像があります。この下で演奏して、この21メートルの像を下からiPhoneで連写すると、巨大空海像の数珠を持っている手から光が出ているのと、頭から光が出ている写真が撮れて、びっくりしました（巻頭カラー2ページ参照）。その後、空海が生まれたと伝わる善通寺に行って、五重塔の写真を撮るとアセンションの白鳩といわれる高次元のハトの写真が撮れたのです（巻頭カラー4ページ参照）。

写真で僕が薄くなって写っていたり、2015年、2016年ごろから、透ける現象が結構出てきて、お客さんスケルトン事件というのもあって、トークライブの中央に座っている白い服を着ている人が透けています（巻頭カラー3ページ参照）。

音によって次元が上がっていくと、物質の密度が緩んできて、透けて撮れる人が時折います。

この一連の時期は、ハトは出るわ、壺はもらうわ、空海に、完全に不思議な世界を見せられ始めました。

空海との縁で、どこで生まれて、どこで死んだか、そのときにやっていたことを具体的に聞かされて、最初はマユツバくらいに思っていたのですが、よく考えたら、それを疑う根拠がないのです。

自分の中でイマイチ信じられないなと思うことでも、信じていくと人生が変わります。自分に自信を持つことです。信じる心を持つことです。疑う根拠がなくても疑うことがありますが、「まさか」をも信じるのです。私は、明確な根拠がない限り、何事も信じてみることから始めます。

量子の世界では、電子を観測すると波の性質が粒子の性質になる。物質化するのです。

フォーカスして自分が信じると、不思議と、信じたエネルギー的な磁場が現象を引き寄せ物質化するのです。

自分の人生をもっと幸せにしたい、豊かにしたい、やりがいのある人生にしたいと思っても、どうせムリだ、時間もない、おカネもないと諦めてしまわずに、できると信じる。

できない根拠がない限り、まず信じることから始めればいいのです。

僕は、一人一人の人生は今日から未来をつくり上げることができると、今いろいろなところでお話をしているのですが、現実世界で次元上昇することを「リアルアセンション」と呼んで、より多くの人に伝えていきたいと思っています。

震災で両足を骨折してベッドに寝ている僕を見て、「災難だったね」「かわいそうだったね」と言われたのですが、僕は、自分が死ぬときに後悔している最期の姿を事前に見ることができて、死の何十年か前に人生を変えるキッカケをもらった。

あの震災がなかったら、それを手に入れられていないから、あの震災こそがギフトだと思って、ワクワクしていたんです。

多くの人には、3・11震災で両足骨折のような身につまされるような、強制終了みたいな出来事はあまりないから、仕事とか、ふだんのルーチンな生活の中で、人生を大きく変えるキッカケを見つけられていない。

一人一人みんな頑張っているんだけど、大切なものは何かというヒントは、実は身近なところにあるのです。

それは「どう生きるか」ということでもありますが、まずは自分のいいところ、自分のできていることを見つけ出すことです。

大体みんな、できないこと、ダメなことばかりにフォーカスするから、その量子場のエネルギーが物質化して現実になる。人生の中でも量子論みたいなことが実際に起こっているから、すごくおもしろいのです。

量子力学というと、物理学みたいに難しく考えて、人生とか現実とか、目の前の出来事とは別物だと考える。

人生とは別の学問だから難しいんでしょうと。そうじゃなくて、まさに自分の人生こそが波を粒子化させ、量子を物質化させるという大きな現実が目の前にあるのに、何か別の学問と捉えて、現実は変わらないと思っている。

実は、目の前の現実を変えることは、自分の意識でできるのです。

僕の場合、震災でそれに気づくことができた。

音と波動に生きようと思って、奉納演奏、龍音講座、波動の学校など、いろいろなことをやっています。

神々の声を受けて龍音奉納プロジェクトを発足 全国各地へ龍音を届ける！

2015年までの5年間をかけて近畿の五芒星巡りが完成した後、2018年出雲と富士の太陽の道ラインを音で結んだことにより、龍音というものに対しての神々の願い、その思いというものが表されるようになり、その直後からある方を通して神仏界からのさまざまなお言葉が伝えられるようになりました。

同時に僕自身は、粛々と奉納を行うとともに、各地での奉納演奏に関してはは神々のエネルギーを届けながらその土地に光の柱を立て、エネルギーをつないでいくような活動になっていきました。まさにゲートキーパーとしての役割です。

2018年より本格的に行うことになった龍音奉納プロジェクトについて、その方を通して以下のような神様のお言葉が届けられます。

「道が開く　我を連れて　西から始まる　道しるべ」

西からというのは、もうすでに出雲などから始まっていると示されていました。

他にも西日本のいろんな場所が示されました。

熊本での地震や鹿児島の豪雨など不安定な天候でなかなか西に行きにくい時期もありましたが、それはそれで少し先送りしてでも、とにかく西に行かなくてはいけない。やっと鹿児島に入れたのは2020年10月のことでした。

それは日本中に音を届けるための旅の始まりというだけではなく、同時にその土地の浄化と、いたるところで神々が待たれているということ、またこの龍音というものを通していろんな場所に音を届けていってほしいという神々の願いというものを、僕自身、そのお言葉を聞かされるたびに強く感じさせられるのでした。

「天（あめ）の岩戸　大海原　全土にわたり　清き音の調べ」

このようなお言葉が、その方を通して随所で降ろされるようになってきて、僕は、日本中にこの音を届けなくてはならない、そのためにはまず全国100カ所の神社仏閣で奉納演奏をやろう！と立ち上がったのでした。

感謝と平和の祈り。龍音に「神恩感謝」「国家安寧」「未来繁栄」「世界平和」「鎮魂慰霊」の思いをのせて、全国の神宮、大社、一之宮といわれる神社、そして高野山や四国八十八箇所霊場などを巡礼し、宗教宗派に関係なく奉納演奏を行うことにしたのです。ありがたいことに2023年弘法大師空海生誕1250年記念祭では、高野山金剛峯寺にて演奏をさせていただくことができました。

「龍音」奉納演奏。それを言い換えるなら「音にのせた感謝と平和の祈り」です。龍音奉納プロジェクトは、ひとりの龍音奏者とその活動を純粋に支えたいと思う方によって構成される、組織やしがらみも一切ない純粋なプロジェクトなのです。

十種神宝の巻き物をつくったとき、物部の神様から頂いた言葉を全公開します！

行くところ、行くところがおもしろい。

というのもそこにいなくても誰かに見られているとしか思えないので

す。

たとえば淡路島の伊弉諾神宮にお参りして、本殿の裏を回って出てきたら、京都にいる人から、

「〝てんごく。〟さん、今どちらにいらっしゃいますか」

「今、伊弉諾神宮です」

「伊弉諾の神様が、本殿の裏に回るようにと言っていますが、今、伊弉諾神宮のどちらですか」

「今、本殿の裏から出てきて、そういえば本殿の後ろで音をやってくるのを忘れたなと思って、振り返ったところなんだけど」

「本殿の裏に回るようにと言っておりますが」

「はい、行ってやってきます」

こういうことが本当にある。

一緒にいるのだったら、そういう状況をつくれるけれども、全然違う遠方にいる人からこういう情報が届けられます。これはどう考えても人

為的には作ることができないのです。

近畿の五芒星は、二千数百年前に、ニギハヤヒのために神が降ろした五芒星だとアシュタールは言っていました。ニギハヤヒが物部氏の祖なんです。

島根に物部神社という神社があって、そこはまさに物部の神様を祀っている。

物部神社に奉納に行く前、物部の神様は僕が来るのをずっと待っていました。

龍音の演奏のときに麻の幣《ぬさ》の飾りを立てますが、「あれを持ってきてほしい」と言われたり、十種神宝《とくさのかんだから》の巻き物をつくったら、それに対して、「ようやく巻き物をつくられたのか」という返事が来た。

結局、行ったら、すごく喜んでいただきました。

アメノウズメノミコト様という芸能の神様も、僕が物部神社に行くことを事前に知っていました。

「我に縁のある鎮魂の社に行かれますするでしょうか」と。

アメノウヅメノミコト様は、龍音の高音が好きなんです。龍音ボウルの22個の中には、これは空海の音、これはスサノオ様の音とか、外せない音もあるのですが、神々からのメッセージをもらってから、その音が外せなくなったものもあります。

アメノウヅメノミコト様の好きな音を奏でていると、いつもウズメ様を思い出すことになり、つながっている感じがします。

僕の「〝てんごく。〟」という名前も、昔、その名前を使っていたことがあるみたいなこともアシュタールから聞いていたんですが、どこでその名前を使っていたのか、よくわからなかった。

これがニギハヤヒという存在の正式名称を見ると、天照国照彦《あまてるくにてるひこ》天火《あめのほ》明《あかり》櫛玉饒速日尊《くしたまにぎはやひのみこと》という正式名称の一部に、「天国《てんごく》」が入っているんです。

僕は十種神宝の巻き物のビジョンを受け取って、麻炭で書いて巻き物をつくりたいと思って、職人さんに細かく指示してつくってもらい今は龍音のときも必ず十種の巻き物を置いているんです。

その巻き物をつくったときの物部の神様からのお言葉です。

「巻き物をようやくつくられたのであろうか。巻き物の上に手をかざし、おぬしが一番思いを強く感じるものは何であろうか。そのものをかつておぬしが手にしたであろう思いはなかろうか。おぬしは焦らずとも、後に音を進めて広げていく上で、何かのヒラメキが頭上にあらわれ、それが開いて歩みの一歩となろう。幾つかの気づきをなされたおぬし。おぬしはかつてにも十種のことを学びたかったときがあるが、志半ばで諦めざるを得ないことがあったのではなかろうか。時がめぐり、再びおぬしの心にかかるときがめぐってまいって、心惹かれ始めたのであろう。心静かにゆるりとでよいから、おぬしが何を知りたかったのか、十種に描かれているもので何を遂

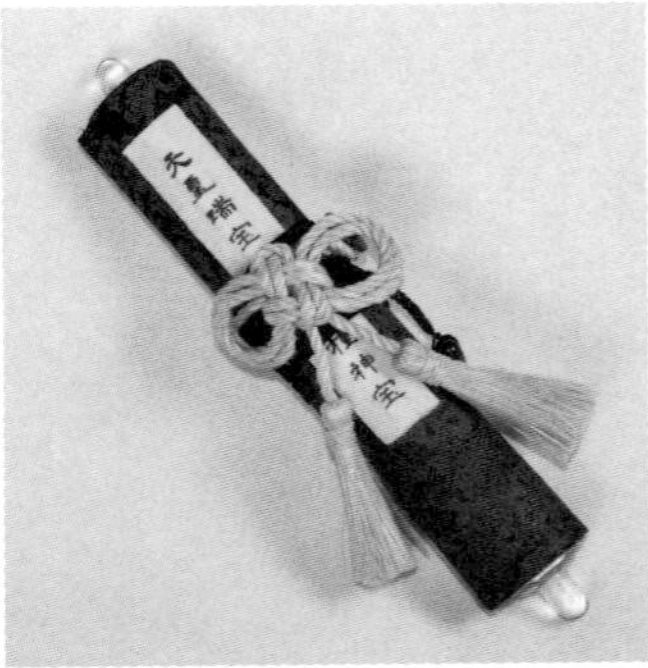

げたかったのか、石見の国にて、今こそおぬしの己の内に問うてみてほしい。奥義はやすやすと知り得ぬことも心得よ。十種の祓え言葉を唱え、おぬしの魂に眠る光を思い起こすのであるぞ。我、物部と、つながりを持つおぬしゆえ、必ずや己で気づくことが出てこようぞ。我と、よりつながるべくは信心の心である。いにしえに思いを向けるとともに人々を幸せにする道先を示していくために、おぬしの音、魂を開いてまいれ。光となれ。願わくば、とどまることなく、向かう先にて幣を揺らし、火を灯せよ」

２０１８年11月11日のことです。

これが、龍音のときにいつも置いている巻き物です。

巻き物の中は、沖津鏡《おきつかがみ》、辺津鏡《へつかがみ》、八握《やつかの》

剣《つるぎ》など、麻紙に特殊な麻炭で書いてある十種神宝です。

十種《とくさ》というのは、死んだ人も生き返るぐらいの霊力があると言われているので、その霊力をパワーにして音を通して伝えていけたらいいかなと思っています。

ちょっと話が前後してわかりにくいかと思いますので、龍音シンギングボウルの歩みを以下に時系列でまとめました。

空海からの【龍音】シンギングボウル　年表

1995
人生何もかもどん底の状況の中、誰もいない部屋で
「汝は人のために尽くせよ」という声を聞く

2007
「てんごくだよ、ひらがな、さいごにマル（゜）」という天使のよう

な声が聞こえる
ブログをスタート、ブログランキングに登場
２００８
富士山に初登頂（富士宮口）ＵＦＯが写真に写り込む
２００９
２度目の富士登頂（吉田口）木花咲耶姫と出会う
２０１０
３度目の富士登頂（須走口）富士山７合目　日没時　東の空
地上３０００ｍの雲海の上にピンクと紫の巨大な光の扇が現れる
翌日、富士８合目で倒れて意識不明、魂が生まれ変わる
諏訪大社前宮を訪れる
元伊勢皇大神社を訪れる（近畿の五芒星①）
２０１１
３・11東日本大震災で被災、両足を骨折し２カ月入院

十種神宝の巻き物をつくったとき、
物部の神様から頂いた言葉を全公開します！

自分が死ぬ間際（未来）の最期のビジョンをみる
伊吹山に登る（近畿の五芒星②）

２０１２
淡路島の伊弉諾神宮を訪れる（近畿の五芒星③）

２０１３
遷宮に合わせて伊勢神宮を訪れる（近畿の五芒星④）
近畿の五芒星を巡ることになっているのでは？と気づく
リアルアセンションを提唱開始
11月22日に会社を設立し独立
シンギングボウル奏者として活動開始

２０１４
テリー・サイモンズさんのチャネリングセッションを受け始める
僕と空海とのご縁、僕と熊野との関係について教えられる
熊野ツアーのゲストに選ばれ、熊野本宮大社を訪れ　近畿の五芒星

巡礼が完成する（近畿の五芒星⑤完成）

２０１５

高知室戸、御厨人窟《みくろど》で金星が飛び込むビジョンを見せられる
巨大な空海像から光が放射される写真が撮影される
２週間後、御厨人窟の入り口で巨大な落石があり立入禁止になる
善通寺市トークライブでお客様の体が透ける現象が写真に写り込む
善通寺のご本尊の薬師如来様から薬壺を頂くビジョン
善通寺五重塔で異次元の白鳩が写真に写り込む
20年前、１９９５年の不思議な声が空海の声だとわかる

２０１６

広島、宮島大聖院のトークライブで金粉現象、降香現象が始まる
自分自身の体が半透過する写真が撮影される
冬至にエジプト、ギザのピラミッド王の間に入る（１回目）

２０１７

十種神宝の巻き物をつくったとき、
物部の神様から頂いた言葉を全公開します！

2018

アメリカ、カリフォルニア州シャスタ山を訪れる（1回目）
テロスのアダマよりブリリアントカットの緑の石を受け取る
岡山のトークライブでは45人中40人に金粉現象が起こる
富士山本宮浅間大社で奉納演奏
1週間後、出雲大社で奉納演奏、当日深夜に島根県西部地震
その1週間後、富士山本宮浅間大社でトークライブ
翌日からトークライブのお客様に神様の声が降ろされ始め高次世界から龍音についてのお言葉が始まる
高野山青葉まつり、金剛峯寺にて奉納演奏（1回目）
十種神宝の巻き物をつくる、物部の神様のお言葉をいただく
新嘗祭当日、物部神社で奉納演奏を行う

2019

アメリカ、カリフォルニア州シャスタ山を訪れる（2回目）

高野山青葉まつり、金剛峯寺にて奉納演奏（2回目）
アメリカ、カリフォルニア州シャスタ山を訪れる（3回目）

2020
海外167カ国デジタル配信を開始
龍音奉納、全国寺社奉納50カ所を達成

2022
「龍音シンギングボウル瞑想」YouTubeチャンネルを公開
エジプト、再びギザのピラミッド王の間に入る（2回目）

2023
高野山にて弘法大師空海生誕1250周年記念祭での奉納演奏
龍音奉納、全国寺社奉納80カ所を達成

Part Ⅲ

前世も含めてこれだけの不思議⁉ 龍音は空海からの導きでまちがいない⁉

明らかに空海の導きの力!?
高野山での奉納演奏はこうして実現した!!

高野山の金剛峯寺というお寺は、高野山真言宗の最高位のお寺です。お寺は全国に7万とか8万もあって、空海の真言宗だけでも1万2000、高野山真言宗で3700のお寺がある。高野山内に117のお寺があって、それを統括しているのが金剛峯寺です。

高野山でも演奏をしたいなと周りの人に言っていたので、多分、誰かが伝えてくれたのでしょう。あるとき、僕のケータイに知らない番号から電話がありました。

和歌山の市外局番だということはすぐにわかりました。

実は、和歌山県の神社に行くことになっていて、そこの神社とやりとりしていたから、あっ、和歌山だと思って、電話に出たのです。

そうしたら、「高野山金剛峯寺と申します。ご奉納の件ですが、実は6月に、お大師（弘法大師空海）様の誕生祭があって、そちらでご奉納はいかがでしょうか。とりあえず一回デモ演奏に来ていただけませんか」という話になって、願ってもないありがたい話だったのです。

高野山の麓の丹生都比売《にうつひめ》神社というところに奉納に行ったのが2018年5月18日でした。

そこでの演奏が終わった後、高野山まで上がって金剛峯寺を訪れたら、革張りの椅子のある会議室に通されて、ドキドキしながら、そこでちょっと演奏したんです。

「ちょっと会場のほうもごらんいただけたら」ということで案内いただきました。

誕生祭なので、町内の公民館みたいなところで出し物をワイワイやるのかなと思い、高野山で演奏できること自体がうれしいので、それでもいいと思ったんです。

そうしたら、どんどん金剛峯寺の中に入っていって、ギシギシと床板を踏んで進み、バーンと扉が開いたところに大広間がありました。

ふだんは立入禁止で、拝観料を払って柵の外の廊下から見るだけの部屋が、金剛峯寺の正面玄関を入ったド真ん中にある。

「こちらでいかがでしょうか。金剛峯寺は8時半に開きますので、朝9時からのお時間でいかがでしょうか」と言われた。

弘法大師空海の誕生祭の朝イチの奉納の枠が与えられて、そこでやることになったんです。

たまたまラッキーだったということではなく、明らかに随所で空海が働いてくれているとしか思えないのです。

金剛峯寺は、こちらから連絡したのではなく、あちらから電話がかかってきたので、誰かが名前と電話をセットで伝えてくれている。

ありがたいことだと思います。

高野山の一番中心の金剛峯寺のド真ん中で、弘法大師空海の誕生祭、それも朝イチで奉納ができるなんて、普通に考えてもあり得ないのです。僕はひとりでやるのですが、その後の10時からは、30年程、毎年やっている琵琶や雅楽の楽団演奏があります。

その日の高野山は学校も休み、高野山全体がお祭りです。そんな中に僕が入ることができているのは、明らかに空海の力が働いているとしか思えないのです。

こういう話をしていると、頭の上後方に空海がいるらしいのです。見える人たちが見ると、「後ろにお坊さんがいらっしゃいますよ」とか、「お話しする直前からいらっしゃいました」と言われますが、僕が見てもよくわかりません。

そういう前世とのつながりみたいなことがいろいろあります。

僕が周りの人たちに、金剛峯寺で奉納演奏をやりたいと言っていたので、僕の奉納演奏のお手伝いをしてくれている人たちが、どこそこの神社でできますよとか、あそこのお寺さんとおつなぎしていいですかと、間に入ってくれるのです。

ほとんどの奉納は、僕が直接連絡をしてやっているわけじゃなくて、誰かがどこかとつないでくれるケースが多い。「私の知っているあそこの神社がステキなんですけど、どうですか」「ぜひぜひ」と言ったら、つないでくれて、そこから動き始めるということです。

写真に写る不思議な現象

2022年10月、高野山をひとり訪れ、ある宿坊に泊まりました。普通、宿坊に泊まっても、こちらは宿泊客の一人にすぎないので、そこのお寺の人と話をすることはほとんどありません。

朝、チェックアウトの準備で荷物をまとめていたら、

「伊藤様、ご面会のご予約を入れていただけるとありがたいのですが」

「え、面会ですか」

「ちょっとお時間を頂けますでしょうか」

「朝8時半ならあいているので、いいですよ。今日は奥之院をお参りして、下山するだけですから」

どこかで演奏を聞いて名前を覚えていただいて、たまたま来ているのを知ったからかなと思ったんです。

気楽な感じで呼ばれて、ステキな部屋に通されました。

そうしたら、ご住職が出て来られました。

「昨日まで下山していたんですが、上がってきたら、珍しい方がお泊まりですな」と言って奥から出て来られた住職さんは、高野山金剛峯寺の宗務総長という実務運営のトップの役職を長年務められた方で、おいしいお茶を淹れていただきました。

以前、奉納演奏を行ったときに、宗務総長であったその方のお名前は存じ上げていたのです。

こちらから面会を申し込んでも簡単に会えるような方ではありません。裏づけはありませんが、高野山のトップの人から声がかかって面会をすることになったのは、これも明らかに空海の力によるものとしか思えないのです。

だって、高野山のトップの人が、そもそも名前も知らないようなシンギングボウルの奏者、それも宿坊に泊まった客をわざわざ呼び出して面会するということが起こるでしょうか。これも不思議なできごとでした。

空海つながりのちょっと不思議なことで言うと、空海が生まれた香川県の善通寺というお寺に行ってお参りしていたら、薬師如来様から壺をもらったんです。

薬師如来様は手に癒やしの薬の壺を持っているのですが、その壺がピューッと飛んできて僕の手に乗った。

目を開けると、薬師如来様に手を合わせている。

いやいや、そんなことがあるわけないということで、目を閉じてもう一回お参りし直すと、また薬師如来様の壺がピューッと飛んでくる。

薬師の仏様だから、ヒーリングじゃないけれども、癒やしの壺をあげるから人々を癒やしなさいということなのかな。そのときに2回見せられたんです。

そして本堂を出て五重塔に向かいました。

そのとき、五重塔の写真をiPhoneで撮ったら、ハトが次元を破って異次元から出てくる瞬間の写真が撮れたのです。

1羽の白いハトが、直後に2羽になって、目もなく、足もなく、白に金の縁取りがされている、明らかに不思議な写真です（巻頭カラー4ページ参照）。

大体の奇跡は映像や写真で来ます。

こういうことは突然やってくるけど意味がよくわからないから、次のときにテリーさんに聞くのです。

そうすると、「これはあなたのカメラやあなたがいたずらしたトリックとかではなくて、このとき確かにそこにいて、高次元、異次元から次元の壁を破って出てきているハトです。空海が、自分がアセンションしたことをあなたに伝えようと思って、あなたも今、アセンションするプロセスにあるということを見せています」と言われました。

このハトはどういうハトかというと、キリストが亡くなって昇天するときに、キリストを導いて高次元に連れていった、「キリストのアセンションの白ハト」と呼ばれているハトがいるらしいのです。

「あのハトと同じ、高次元にいるハトが、次元を破って今あなたの目の前に出てきた。これを見せてくれているのは空海です」と言われた。

僕が講演会をやったときに、数霊《かずたま》セラピストの吉野内聖一郎さんと生命システム研究所所長の根本泰行さんが聞きに来てくれて、終わったあと「〝てんごく。〟さん、写真いいですか」と言って、根本さんが撮ってくれた写真は普通なんですが、吉野内さんが撮ってくれたら、根本さんは濃いんだけど、僕だけ薄くなっている。

吉野内さんが、「〝てんごく。〟さん、薄くなってるよ」と何度か言ってくれたんですが僕は全然信じていなかったんですけど、吉野内さんが送ってくれた写真を見たら、確かに自分の姿が薄くなっているんです（巻頭カラー4ページ参照）。

トークライブの観客から金粉（？）が出る

空海が20歳くらいのときに悟った洞窟があるのでそこに行こうという

ことで四国に行って、四国にいたテリーさんに「明日、洞窟に行くんです」と言ったら、「空海が危ないと言っている。岩が危ないから、洞窟じゃなくて安全なところに座って瞑想しなさい」と言われた。

そこ室戸岬には、弘法大師空海が悟って、海から金星が飛び込んできて口の中に入ったという逸話が残っています。

その洞窟に行ったら、洞窟の中から外に出ていくとき、僕の顔に海から白い光が飛んできて、バーンとぶつかった。

瞑想はしていないんですが、あ、これが「金星が飛び込んできた」ということなのか。そのビジョンをそのときに見せられたのです。

岩が危ないと言われていたのですが、そのときは洞窟に入ることができた。

驚いたことにその2週間後に、その入り口の上から2メートル50センチの岩が2つ落ちて、立入禁止になった。

これは新聞記事にもなりました。

僕は、普通に洞窟に入れた最後の人たちのうちの一人です。

いろいろな地方でトークライブをやっていて、2016年に広島県の宮島で、厳島神社の隣にある大聖院というお寺でトークライブをやりました。

それも空海ゆかりのお寺でした。

そこで初めてお客さんとかスタッフに、「あ、金粉が出ています」と言われたんです。

私は銀色ですとか、白檀の香りがしましたとか、お香の香りがしましたとか、そんな人が何人かちらほらといたんです。

そのころは、たまたまそんなことが起こったぐらいの感じで気にもしなかったんですが、次の会場、次の会場とそういうことが続いていって、今日まですべての会場で続いているんです。

僕はその後、山口まで友達に会いに行きました。

当時、友人とその教え子の女性が2人来て、一緒に食事したんです。

僕が、「昨日、宮島でトークライブをやったら、金粉が出たとかいう人がいるんだよね」という話をしていたら、そのうちの1人が、「私も今、キラキラ何か出ています」と始まって、隣の人は「私は出ていないです」、「でも、見ていると出るよ」と言っていたら、「あ、出てきました」と、出始めたんです。

これが、演奏しないで出た初めての経験です。

演奏を聞いたら出るのではなくて、一緒にいてこの話を聞いているだけで出る（巻頭カラー5ページ参照）。

ということは、声のトーンなのか、そのエネルギーフィールドなのか、磁場なのか、何かわからないけど、一緒にいるとそういうことが起こる。

2回続いたので、そういうことがわかるようになってきました。

演奏会で出るということは、演奏なのか、あるいは空海のお寺だからか、宮島だからか、そこの場所の影響かもしれないと思ったけど、山口まで行って、しゃべりながらごはんを食べているだけでも2人に金粉のようなものが出た。

行くところ、行くところでそういうことが起こったので、次のトークライブからちょっと気にし始めて、「前のライブのとき、金粉が出たとかいう人がいるので、今日もひょっとしたら出るかもですね」と冗談半分で言ったら、「私も出てます」という人が出てきました。

いまだにそれは何だかわからない。

２０１６年から、全部の会場で、演奏を聞かなくても、一緒にいるだけでもそういうことが起こり始めました。

比率が一番高かったのは、アメリカのシャスタ山から帰ってきて岡山でやったトークライブのとき。45人来ていて、「金粉が出た人いますか？」「はーい」と、小学生も含めて40人の手が挙がりました。

逆にこっちが圧倒されて、びっくりしました。

初めて会ったとか、興味があるとかないとかは別にして、出る人には出るし、出ない人には出ないという不思議なことが、僕がいる場所では必ず起こる。

インドに住んでいるYouTuber、スピリチュアルａｋｉｋｏさんの来日イベントにゲストで呼んでもらったときは、約３００人のうち、１００人ほどに金粉が出ました。

そんなことがずっと続いて、いつの間にか、「金粉王子」という名前で呼ばれていました。

スピリチュアルが好きな人たちはいいのですが、ビジネスの会合とか、僕がやっている波動測定のクライアントの一人に、ＭＫさんというマーケティングの先生がいるのですが、そこには経営者の人たちが集まるため、ビジネスマンにスピリチュアルな話をすると、全然信じないんですが、

「金粉が出るんだって」

「そうなんですよ。何かわからないんですけど、手のひらから出るときもあるし、腕とか、すごいときだと洋服やケータイのケースからも出た

りするんですよね」

なんて言っていたら、そこにいた人たちのケータイのケースから金粉が出始めたんです。

そういうのを信じている人だけじゃなくて、出る人には出るということがずっと続いています。

シンギングボウルは次元を超えて別次元にまで届く!? 亡き人までも癒やすことができるのです!!

シンギングボウルの音は、次元を超えて違う世界まで届いているので、おもしろいと言っては語弊がありますが、神様に届いたら、神様からメッセージが来ます。

亡くなった人にも癒やしが届いています。

僕らは生きていますが、亡くなられた人をお客さんが時々連れられて来ます。

ある会場に、お客さんがシンギングボウルを1個持ってきて、「これを〝てんごく。〟さんの横に置いてもらっていいですか。このボウルに聞かせてあげたいんですよ」と言いました。

ダメだとも言えないので、「ああ、いいですよ。その辺に置いておいてください」と言ったのですが、なぜこの人はこれをわざわざ持ってきたのだろうと、ちょっと気になったんです。

演奏が終わったら、物販やらCDの説明やら、本にサインくださいとか、何やかんやで忙しくなって、そっちをやっていたら、ボウルを持ってきた人は霊媒体質みたいで、畳に伏せてワンワン泣いているのです。サインに5、6人並んでしまって、パパッと早くやるんだけど、あっちでワンワン泣いている。

うちのスタッフが2人ぐらい行って、「大丈夫ですか」と言うのですが、ワンワン泣いている。

今度はスタッフが、ヘルプミーという感じでこっちを見るから、行かないとまずいと思って、バーッとサインを終えて、急いで行ったんです。そうしたら、「私じゃない、私じゃない。その人が（眉間を指さしながら）ここから入ってきて」と言いながら号泣している。

本人でなく、眉間から入ってきて憑依した人が泣いているというのです。

スタッフもどうしようもなくて、僕が代わって「もう大丈夫ですよ」とお客さんをハグして癒やしてあげる。

すると僕の両手を握って、「ありがとう、ありがとう」と泣いているので、「もう大丈夫ですからね」と言ったら、憑依した人がヒューッと出ていって、「あー、今のは私じゃないです」と本人がしゃべっているんです。

その人は、持ってきたボウルに乗せて、亡くなった人の御霊《みたま》を連れてきたのです。

結局亡くなった人の御霊にも届いて、その霊も癒やされているから、両手を握って「ありがとう」と言ってくれた。

「もう大丈夫」と言ったら、フーッと消えていった。

「今のは私じゃないです」と言うから、「そういう体質なんですか」と聞いたら、「私は結構もらいやすくて」と言っていました。

そういうことがあるので、亡くなった人たちのところまで音が届いているのがわかったのです。

そういう意味では、浄化とか、癒やしとか、供養みたいなエネルギーも、シンキングボウルが持つエネルギーとしてはものすごくあります。

空海の時代もそうですが、チベット仏教とか、そういうところでずっと秘密の儀式とかに使われていたシンギングボウルは、当初はあまり表には出てこなかったのですが、音があまりにきれいだということが漏れ伝わって、楽器として出てきて今では世界に広がりつつあります。

あまり怖がる必要はないですが、中途半端に、お墓なんかに行って、おじいちゃんの供養だ、カーンなんてやっていると、周りの関係ない御霊たちがみんな寄って来るということなので、時と場をよく考えてやったほうがいいです。

だからこそ、お寺や神社仏閣でやるときには、よけい厳かに、心を整えてきちんとやることが大切です。

亡くなった御霊にも届いていることがそういう経験からわかってきて、この世界だけじゃないところまでこの音が届いているんだなとわかりました。

地方でもいろんな場所に行きますが、不思議と戦があった場所の癒やしに呼ばれるのです。

高知では、いつもやる町なかのイベント会場がとれなくて、急遽違う場所になった。

そこは実は城跡で、関ヶ原の戦いの後、勝利した徳川方の山内一豊が入って、そこにいた長宗我部の２７３人の遺臣たちが殺された。

戦国時代だからしようがないのですが、そんな場所でトークライブをやると、霊的な世界が見える人たちは、そのときは言わないで、後の懇親会とかで、「畳に血の色がいっぱいあったけど、龍音が終わった後に畳の血の色が全部消えていた」と言っていました。

城跡でやったときも、そこで癒やされなかった御霊が全部浄化されて、天に昇ってくれたのならよかったと思いました。

そういうところに導かれて音を奏でるので、音が届く範囲は、目の前の人たちだけじゃなくて、違う次元とか、亡くなった人たちも癒やされていることが多くあります。

そういうことを含めて、日本中を回って奉納をやることには意味があると思います。

演奏中に「頭の上に黒い龍がやって来た」と言ったK君自身は結跏趺坐《けつかふざ》のまま高速で回転していたのです!?

最近はウクライナのこともあるので、日本が平和で、未来が繁栄し、国が栄えていき、みんなに笑顔があるといいなと思っています。

世界平和というと、ちょっと仰々しくなりますが、そんな思いで奉納演奏をやり始めて、２０１８年からプロジェクトにして、サイトもつくりました。https://tengokuito.com/ryuon-project

今ご縁のある人たちから、おつなぎしたいということで、あそこの神社でやってほしいとか、ここのお寺でやってほしいという声を聞いて、そこに行って奉納演奏をするという活動をしています。

地方の僕のトークライブは、２時間ぐらいしゃべって、小１時間演奏して、3時間のイベントを5000円ぐらいでやっています。

よくある話ですが、奥さんはスピリチュアルが大好きで、旦那さんは大嫌いという夫婦がよくいますね。

旦那さんに見つかると夫婦関係がメチャメチャ悪くなるので、その奥さんが僕のCDブックを旦那さんにわからないように本棚に入れておいたら、子どもがツカツカと来て、「母さん、これ何？　龍の本じゃん。〝てんごく。〟さんって、金の龍がいる人だよね。僕、この人に会ってみたいんだ」と言われてから1、2年たって、2回目のトークライブにその奥さんが息子のK君を連れてきました。

僕は演奏しているときは下を向いていて、あまり会場を見ません。

パッと目が合ったりすると、意識がそっちにいって、「あ、見られてる」と思うと、急に現実に戻るので、エネルギーがぶれて集中できなくなってしまいます。

「え、何だったっけ」と思った瞬間に、カーンと強く叩いちゃったりするので、自分の世界に入って、会場をあまり見ないのですが、そのときは見ておけばよかったと思いました。

K君がどうなっていたかというと、会場の後ろのほうで、周りにママ友のお母さんがいっぱいいる中に、子どもは1人でした。

演奏が終わってK君のところに行きました。

「K君、〝てんごく。〟さんだよ」と言われても、お母さんの後ろに隠れて恥ずかしそうにしているから、

「こんにちは！　来てくれてありがとう。今日はどうだった？」

と聞いたら、

「僕ね、こうやって座ってたのね。そしたら頭の上に黒い龍がやってきて、ここでグルグル回って、最後は首の上に乗ってたから、メチャメチャ重かった」

と言ったのです。

K君が演奏中にどうなっていたかというと、僕の演奏が始まったら、

結跏趺坐という、インドの行者が瞑想するときの座法をやっていた。そして結跏趺坐のまま高速で回っていたのです。周りのお母さんたちがみんな見ていて、「K君、すごい。回ってたよ」。

僕は、下半身はそのままで上半身だけ前後左右に揺れるようにグルグル回っていたということかと思ったのです。

それはそれですごいなと思ったけど、実は全然違って、上半身だけ回っているのではなく、手を使わずにお尻を中心にして体全体が高速で回っていたのです。

「黒い龍が来て、グルグル回ってね」と言ったとき、その子は瞑想状態に入って、結跏趺坐を組んだまま回っていた。

最後に、首に黒い龍が乗った。

僕は演奏していたんだけど、周りのお母さんたちは、畳が擦れる音を聞いて、みんな見ている。

本当にグルグル回っていたという話です。

この黒い龍の話をほかのトークライブですると、会場に、エネルギーの世界が見える人が何人かいると、目の前を巨大な黒い龍が通っていくそうです。

空海の話のときは、話の前から空海や青い龍と白い龍が頭の上後方にいるし、龍音をやるときは金の龍が来るというんだけど、K君の話をすると、「今、巨大な黒い龍が通っていきました」と言います。

本当にそういうことがあるんだなと思いました。

前述したように、僕らが意図して、フォーカスして話すと、波の性質の量子が粒子の性質になり物質化するというか、エネルギーが来るという状態が随所に起こる。

これも量子的な振る舞いで考えると、つじつまが合うので、おもしろいと思います。

いろんなことがいろんなところで事例としていっぱい起こっています。

これは2016~2019年に実際にあった体験談です。「音は祈り」、そんな世界になっています。

Part Ⅳ

シャスタ山をはじめ世界中の聖地を龍音で癒やしていけば地球も人も浄化されていく

土地土地に光の柱を立て、宇宙とつなぎながら場の浄化「ゲートキーパー」としての役割に目覚める!!

日本国内で奉納演奏をずっとやってきて、その数も80カ所を超えました。

龍といえば龍、空海といえば空海で、音で宇宙とつながる。インフィニティーという無限大のマークみたいな（∞）音の流れで宇宙とつながって音を降ろしていく。

それで光の柱を立てて、カルマを解消して浄化していくということを、奉納演奏としてその土地土地でやってきました。お寺があるところは、そこの癒やされていない御霊の浄化とか、神社があるところは、人々の願いとか祈りとか、そういうものに貢献できるような奉納の活動です。

最初に奉納を始めたときは、3・11震災からの復活もあり神様、仏様に感謝して、感謝の祈りをやっていこうということだったのですが、それが、その土地土地に光の柱を立てて、宇宙とつなぎながら場の浄化をしていくようになりました。

それは何かというと、「ゲートを開く」ということで、ゲートキーパーです。イギリス人のトレイシー・アッシュという友人がエジプトに住んで、そういうことをやっているのです。

ここ3、4年は彼女とも活動をするようになって、彼女が日本に来たときに一緒にイベントをしました。

もともと彼女はイギリスから1年に何回もエジプトに行っていたのですが、ここ数年の社会情勢で国際便が飛ばないので、エジプトに住んで滞在できるセンターを現地につくりました。

今は移住して向こうにいるので、そこでアセンション大学みたいな何かをやろうよという話で、2022年9月にエジプトリトリートをやりました。

エジプトのいろんな遺跡に行って音を奏でたり、普通は入れないところも彼女の現地での研究のご縁で入れたり、あるいは龍音とのコラボで行う彼女のスピリチュアルワークのコラボレーションが非常に神聖で、いろんな遺跡の場所や参加している人たちの意識を整えるような活動をし始めています。

それがアメリカだとシャスタ山、エジプトだとギザの大ピラミッドとかツタンカーメンがいたときの王の都ルクソールとか、そういう重要な場所で活動することになってきた。

世界中に聖なる場所は幾つかあると思うんですが、そういう場所で音を奏でていく。

これからストーンヘンジやオーストラリアのウルルにも行きたいし、いろんなところを回っていきたい。

ただシンギングボウルを持っていってそこで奏でるだけではなくて、

宇宙とのつながりの中で、音を届け、光の柱を立てて、その場所のエネルギーを整えていくワークになっているということです。

そういうことをやり始めましたが、ここから先が長い旅の始まりです。


地球を癒やすために宇宙からやってきたというスターシードのストーリーもあって、市村よしなりさん・スピリチュアルａｋｉｋｏさんの『スターシードＴｈｅバイブル　あなたは宇宙から来た魂』という本にも寄稿させてもらいました。もともとアシュタールが埋め込んだものがスターシードなので、アシュタールとテリーさんからずっと何年も学んできた中で、いろんなことを知っていくわけです。

空海とのつながりとか、自分が今ど

スターシードTheバイブル
あなたは宇宙から来た魂
Starseed's Bible
Your Soul Came from the Universe
スターシードに目覚める時
全ての謎は解き明かされる
悩み・苦しみ・孤独の理由
宇宙は、安心、ほっと、リラックス
9の星からあなたの由来星を知る診断付き
akiko 著
市村よしなり 監修

の次元にいて何をやっているのか、どういうワークをやっているのか、龍音とはそもそも何なのかということを、自分なりに体験の中から学んでいき、ちょっとアシュタールにも聞いて、そういう意味もあるんだなとか、そういう大きな流れの中での一つの役割としてのゲートキーパーという仕事をし始めているということです。

今後は、みんながいるところに行って、音を奏でることで、イベントに来てくれた人たちの願いをかなえるような、皆さんの癒やしとか、願望実現とか、カルマ解消とか、そんなものにつながっていくともっといいかなと思っています。

そういう中で、皆さんから金粉が出てきたり、お香の香りがしてきたり、そういう不思議現象が先に起こり始めます。

「金粉が出たよ」「え、金粉って何？」。

金粉を出すだけなら、マジックや手品をやっていればいいんですが、そうじゃなくて、本質的に何が起こるのかということです。

その人の人生にとって、今までできなかったことができるようになったり、自分が手に入れると思わなかったものを手に入れられたり、未来に喜びとか幸せとか豊かさを手に入れることができる。

多くの人は自分の人生が本当は無限の可能性を秘めているのに、人生に制限をつけてムリだと思っているから、本当はそこからの変容のほうが奇跡です。

そういうことを起こすキッカケとしての話です。

そういう話をするのは結構大変です。これだけ話すとわかってもらえますが、初めて会った人にいきなり「あなたの未来の人生に奇跡を起こすために、思いと言葉……」とか言ったら、この人、ウザいと思われます。

だから、瞬間的に「え、金粉って何?」と興味を持ってもらったら話せるし、「何でお香の香りがするの」と奇跡的なことが起こったら、話してあげるキッカケができて、その人のハートが開くのです。

それも一つのゲートだと考えると、奇跡もゲートをオープンするということです。

神社仏閣も、世界中の聖地も、人々のハートのゲートも開きます。

高次元のところでワークする人もいるのですが、ゲートキーパーというのは、ゲートをつくって、開いたり閉じたりというゲートの操作もできる。

これは別に僕がつくった言葉ではありませんが、昔から「ゲートキーパー」とか「ライトワーカー」と言われています。

ゲートキーパーのツールは人によっていろいろですが、僕の場合は龍音を通してゲートを開きます。

先日、〝この時代に必要なことだから、東京に光の柱を立てて世界中を癒やしていこう〟ということで、トレイシーがエジプトから来て、僕が日本から参加して、東京ビッグサイトで行われた「癒しフェア」でセレモニーをやったのです。

それを、今度はエジプトに行って、エジプトの聖なる場所でやる。

ピラミッドはどうやってつくられたか。

2・5トンの石を200万個、百何メートルも積み上げるなんてムリとか、宇宙人がつくったとか言われますが、あれ自体が奇跡のランドマークになっているわけです。

エジプトにピラミッドがあることも、一つの奇跡です。

目の前で起こる金粉現象やお香の香りも小さな奇跡です。

そういうことをキッカケに興味を持つ人たちがそれに触れて、そこで何をやるか、何を受けるか、何を起こすかということが、意識を開いて、覚醒すると言ったらちょっと大げさですが、自分の中の何かが上昇していく。

それをサポートできるような活動ができたらいいなと思って、アセンションのサポートを音でやっているのです。

最近、シンギングボウルをやる人がふえてきているのはいいことだと思いますが、シンギングボウルを買ってきました、セラピーをやりますよ、セッションをやりますよ、ヒーリングですよ、ということだけじゃなくて、全然違う立ち位置でやろう、ゼロから奉納演奏を始めようと思って、神社仏閣と連絡を取りながら一つ一つやっています。

境内に行って、ただカーンと鳴らして帰ってくるだけなら簡単です。それを「奉納」と呼んでいる人もいますが、僕の場合は、神社仏閣とちゃんとお話しして、宮司さん、住職さんの許可をもらって、具体的なやりとりをする。

大きな神社仏閣ですと、わざわざ一回行って神職さん、住職さんと会って、ご挨拶をして、人となりを見てもらい、何月何日に何をするかということを相談して、じゃ、やりましょうと。

式典（セレモニー）だけど、公開してイベントで集客するようなことではないので、粛々とシークレットでやっている。

先方とのお話のうえ、時折、イベントみたいに公開でやることもあります。

神社仏閣が「最近あまり参拝客がないから参拝客をふやしたい」「じゃ、集客イベントの一環としてやりますか」、そういうことです。

粛々とやっていたら、今、日本の85カ所に光の柱が立ちました。

これを47都道府県で100カ所、200カ所できたら、日本は音で光の柱が立って、そのすべての場所で金粉現象が起こり、そこに来て触れ合った人たちが覚醒のキッカケを得て、神社仏閣やそのエリアの土地自体もエネルギーの浄化ができる。

神社もお寺も、日々ご祈禱されたり祝詞を上げられたりお経を上げられたり、頭が下がる思いですが、そこに音という違う形で入る。

音の力はすごいのです。

自分が今、音に携わることができてラッキーだなと思いますが、それは、あの震災で歩けなくなったというギフトがあったから出合えたのです。

今は五体満足で歩くことも走ることもできる。後遺症も全然ない。

そういう感謝の思いも含めて、音と祈りで感謝の思いをつないでいく。

ここで姑息にビジネスやギブ・アンド・テイクのようなことを考えていると、いやらしさが出てくるのですが、ここは完全にギブオンリー・奉仕の精神でやっています。

多くの人々に、こんな活動をしているということを知ってもらえたらいいなと思っています。

結局、感謝の思いとか、自分がギブすることは出す一方で、巡り巡って後ろから返ってくるのです。

テイクしようと思うと、後ろからもテイクされたり、どこかで引っ張られる。

ギブをし続けていると、後ろからギブのフォローの風が吹いてくる。

僕の場合は、空海とか龍とか、日本の神々、他にもアダマやアシュタールも含めたいろいろな高次の存在が後押ししてくれます。

それが日本だけでなく、自分だけでもなく、世界中で今、地球規模のワークになりつつある。

ここからさらに進めたいのです。

シャスタ山の地下都市テロスのアダマからお呼びがかかって、かつ、緑色のクリスタルが突如現れる!?

シャスタ山の地下にテロスというシャンバラがあって、そこのアダマという存在が僕を強くサポートしてくれているらしく、「あなたはテロスにやって来ることになるでしょう」と言われて、毎年シャスタ山に行っているのですが、２０１７年は、３日間かけて深い眠りに落とされて、どうやらテロスに行ったらしいんです。

「あわのうた」を神代文字で書いて、枕元に作った簡易な祭壇にボウルを置いたら、翌朝緑色のクリスタルみたいなものが現れた。ものすごく小さいので、なくならないように袋に入れています。きれいなカットですが、機械でカットしたような感じでもない。

シャスタ山に行くと、いつも知人の家に1週間ぐらいホームステイさせてもらうのですが、そこではこのようなクリスタルが3つ出ました。そのうちの1つが僕に出てきて、ほかに2つ出ている。

2015年、空海の洞窟の岩が崩れる直前の満月の夜に、高知で、「5次元文庫」から本を出したヒデさん＆治美さん、テリー・サイモンズさんなど、12人で食事したんです。治美さんはシャスタ山のテロスからのメッセージをずっと受けているので、そんなつながりもあってご縁が広がって、僕もシャスタ山に行くようになるのです。

2019年に、シャスタ山のスキー場を借り切って、アバターズ・オブ・ジ・アース・ギャザリングという世界各国からアセンション・リーダーが集まるイベントに出演したときも、イベントが終わってから1週間程滞在しました。

その前に行ったワシントン州のアダムズ山というところも、シャスタ山と同じように、一晩で20個ぐらいUFOが見られる。山がUFOの基地になっているような感じで、UFOが山から出ていく。コンタクトしたいと思って呼ぶのですが、龍音を鳴らして本当にUFOが近づいてくると、ちょっとビビります。何とも言えない気持ちになります。

ワシントン州のアダムズ山でUFOコンタクトをやって、次にオレゴン州ポートランド市で水と波動の単独ライブをやって、シャスタ山では前述のイベントに出ましたが、イベントの最終日、夏に雪が降るという、とんでもない展開のイベントでした。

シャスタ山には毎年1回行こうと思っていたのですが、コロナ禍で行けなくなり、2019年でストップしてい

ます。

ブリリアントカットの緑の石は、アダマがクラウン（王冠）から取って自分へのギフトにしてくれた!?

国内での奉納演奏をずっとやってきて、今は海外にも活動の幅を広げています。

シャスタ山とか、エジプトとか、最近ではイタリアでもイベントを行い、ほかもこれから行くことになると思いますが、高次元のゲートを開き、つなげていくゲートキーパーや、アセンションのサポートみたいな役割を果たしながら、それが人々の覚醒にもつながっていくといいかなと思います。

シャスタ山に強烈に行きたかったのは、アダマという存在と縁がある

ブリリアントカットの緑の石は、アダマが
クラウン（王冠）から取って自分へのギフトにしてくれた!?

ようなことを言われたのが最初のキッカケでした。

アダマって何だろうと思ったら、シャスタ山の地下にテロスという地下世界、いわゆるシャンバラがあって、そこにいる神官という存在でした。

「あなたはテロスにやって来ます」という感じで導かれるように行ったのですが、自分が意識的にテロスに下りていったという感じはなくて、強烈な睡魔に襲われて、小さな石が枕元に出てくるまで3日かかっている。

1日目は、「クリスタルを枕の下に置きなさい」と、女性っぽい声ではっきりと言われたのです。今はあまりつけないのですが、当時は天然石のブレスレットやペンダントをつけていました。

寝ている枕元に天然石のブレスを2つ置いていて、こっちかなと思ってひとつとったらクリスタルで、それを枕の下に入れた。

1日目はそれで終わりです。

2日目は、暗闇の中に、金とパープルに光る四角いエレベーターだけが見えるのですが、今思えば、それに乗って下りていったのかもしれません。

3日目は爆睡でした。

あまりビジョンはなかったのですが、起きたら、枕元にあの石があったのです（巻頭カラー7ページ参照）。

「何これ！」と言って持っていったら、そこのオーナーが「前にも1個出ているんだよね」と、シャスタ山の林の中でもらったという話をしてくれた。自分の身にもそれが起こった。

その後、1年ぐらいたったら、そこの娘さんにも出てきて、合計3個になった。

ブリリアントカットのような石で、どれも同じような形です。

「何だ、これ」と思って日本に持って帰ってきて、神職さんや、アシュタールのテリーさん、いろいろな人に聞いてみると、この石は宇宙とつながっているとか、太陽系じゃない他の星とつながっているとか言われた。

テリーさんいわく、これはアダマからあなたへのギフトだ、と。

その後、アダマのクラウン（王冠）から取って、あなたにあげたものだという話をされたので、びっくりしました。

きれいにカットされているのですが、よく見ると、器械でつくった感じにはなっていない。いびつというか、瞬間的に高次元でカットされたのかわかりませんが、そんな不思議な石が手元にやってきた。

シャスタ山に行ってみると、ＵＦＯが出たり、いろいろイベントもあって、好きなので毎年行こうと思いました。

２００８年ぐらいから毎年富士山に登ろうと思って、３年登って、４年目に震災があって登れなかったのと同じ感じで、シャスタ山に毎年行っているのです。

日本人のヒデさん、治美さん夫婦がシャスタクラブという活動をされているのですが、治美さんがテロスとかアダマとかのチャネルをするので、毎年行くと、何かメッセージを降ろされたりします。

コロナ禍じゃなかったら毎年行っていたと思うので、また山には行かなくてはいけないと思っています。

テリー・サイモンズさんはアメリカに住んでいるので、「私はアメリカから行くから、あなたは日本から来て、現地で会ってツアーをやりましょう」「それもおもしろいですね」と言っていたんですが、コロナ禍で延期になってしまいました。

世界中の聖地において、龍音で地球を癒やしていく！ますます使命感が湧いてきます!!

今回、初めてエジプトでリトリートもやったのですが、砂漠で暑いし、いろいろ大変なことがあります。

しかし、１回で終わったら、結局ツアーやイベントと同じです。

今始めた僕たちの地球規模のワークを続けていくことが大事だとトレイシーに言ったら、「Oh, perfect!」と言っていました。

エジプトに限らず、来年に向けて、国を越えて、言葉を越えて続けていく。

トレイシーとも言葉は違えど一緒にできているし、お互いにエネルギーがここで動いている。トレイシーが「龍音とやると、すごくエネルギーが回るんだよね」と言って、わざわざ聞きに来て場を整えてくれる。世界的に活動している神秘家の人が、私の龍音に対してそんなことを言ってくれているという、すごくうれしい部分もありながら、この音でやっていかなければいけないという使命感も出てきて、これからもその活動は続けていこうと思っています。

シャスタ山とかエジプトだけじゃなくて、最近はストーンヘンジでやりたいと思っています。

あとは、アボリジニの聖地ウルルとか、古代の聖地に行って音を届けたい。

ただ聖地に音を届けるというよりも、そこで鳴らすことで宇宙とつながって、地球を光に包み、地球の次元を上げる。

マッサージでも、首筋から腰、足の裏までやったら、全身が整います。地球のあっちこっちで音を奏でれば、地球全体が光で包まれる。体のツボの経絡じゃないけど、地球にもエネルギーラインが通ってい世界中の聖地において、龍音で地球を癒やしていく！
ますます使命感が湧いてきます!!

ると思うんです。

地球でも、富士山とシャスタ山がつながっているとか、そういうレイラインがあって、そういうところに行って音を奏でるという活動をやっていく必要があるなと思っています。

龍音シンギングボウルを通して地球を癒やすことができたらという思いも純粋にあります。

この先、それがどうなっていくのか。

日本でも引き続き奉納巡礼を粛々とやっていく。

あとは、音をもっと一般の人にも届けていこうということで、「龍音シンギングボウル瞑想」というメディテーションの音楽のYouTubeもチャンネルを、2022年9月につくりました。

それは15分の瞑想ができるように1つの音楽を15分ぐらいにして、月に1回レコーディングして、毎週木曜日に1曲ずつ上げています。

その瞑想チャンネルを通して海外配信をしたり、Facebookにも龍音を上げていくことで、最近は外国の人のフォロワーがちょっとずつふえてきています。

最近、また禅とか瞑想が海外ですごく見直されてきているので、言葉ではなく音であるシンギングボウルはそういう世界とも近いかなと思っていて、言葉の壁を越えて癒やしの音楽として海外に広めていく。

海外でフォロワーがふえていく中で、海外のイベントもやる。

日本から行って龍音を奏でたら、現地の人たちにはすごく喜ばれると思います。

海外でリアルにそういうことをやって喜んでくれる姿を見ると、今度は自分がうれしくなって、もっとやりたくなる。

そんな部分は見えているので、日本から海外に出ていってもウケる。

でも、ウケ狙いじゃなくて、地球と宇宙をつないだり、ゲートを開いたり、地球の癒やしのため、アセンションのために活動するという使命感を持ってやっていくものが人々に受け入れられることは、すごくいい世界中の聖地において、龍音で地球を癒やしていく！

ますます使命感が湧いてきます!!


ことだと思っています。

特に今は、世界がぐれんとひっくり返るような大転換のときで、このときに必要とされて、今ここにボウルの音とか龍音というものが宇宙から降ろされているような気がするのです。

そこで働かせてもらえていることに喜びを感じつつ、さらにパワフルに進んでいけたらいいなと感じています。

Part V

金粉がなぜ出るのか!? 22で空海とつながる龍音の神髄は、耳に届く音じゃない部分にあった!?

龍音は22個のシンギングボウル、空海とつながるために必須の数字は22なのです!

龍音は、22個のシンギングボウルを使います。

22という数字が私の中ではピンときていて、直感的に、ああ、これだ! と。

理屈ではなく、考えないで、これってこうなんだよとわかるときがありますね。

一般に空海の縁日は21日であり、21ではないの?と思われそうですが私の中では、空海とつながるためには22じゃないとダメだったのです。

波動測定とか、波動機器もいろいろ扱いますが、昔から伝えられているものに数霊という概念で言霊、言葉を数にするというのがある。

あおうえい、かこくけき、さそすせし、たとつてち、なのぬねに、が、1、2、3、4、5、6、7、8、9、10のように数に置きかえられていく。

「あ」が1、「お」が2、「う」が3、「え」が4、「い」が5、「か」が6、「こ」が7、「く」が8、「け」が9、「き」が10。

平仮名にして分解すると、空海の「く」は8、「う」は3、8＋3＝11。

「か」は6、「い」は5、6＋5＝11。

11＋11＝22。22が空海か。

じゃ、完全に空海とコンタクトするために「22」でいこうと思って始めたのが、龍音シンギングボウルでした。

その後、「龍音」という名前をつけてCDを出して、世の中に出ていくキッカケになるのですが、不思議なことに最初に出すことになったCDが「龍音シンギングボウル〜空海が見た世界」というタイトルになったのです。

ＣＤをリリースして一番最初に奉納演奏をしたのが洞爺湖の近くの神社でした。北海道に洞爺湖というすごく好きな湖があって、その真ん中にある中島にピラミッドがある。

その中島に入っていくと、穴があって、地下につながっているんじゃないかと思うような風が出ているところがある。

湖の北側に回って中島を見ると、完全にピラミッドに見えるんです。なぜかご縁があって、最初のＣＤを出すときの奉納はそこでやりたいと思って、洞爺湖町の虻田神社というところでやりました。

空海は北海道には行っていないと言われているのですが、北海道には、空海の足跡というか、八十八カ所とか、札幌の円山公園にも空海ゆかりの大師堂がある。

なぜあるんだろうと思ったら、実は空海が遣唐使から戻った後、数年、大宰府に留め置かれたとされているときに、お忍びでこっそり船で行っているらしいんです。

北海道の西エリア、函館、小樽、札幌ぐらいまでは空海の足跡があるのです。

洞爺湖も、神社とのご縁が初めだったんですが、その神社が空海の滞在していた場所だったということが後々わかってびっくりしたのですが、なぜかそこから奉納演奏を始めたんです。

001番目の奉納演奏。横浜に住んで、東京で仕事をしているのに、洞爺湖で奉納する。

よくわからないけど、そこから始めたんです。

そこの神社さんとは、もちろん今も仲よくおつき合いがあります。

そんな不思議なことがありつつ、空海の存在を強く感じるようになるわけです。

今は、どこに行くにも空海や龍とのつながりがあります。

空海は、四国に八十八カ所をつくっていますが、あれも88です。8は龍です。

龍とか龍音とか、最近のはやりだから言っているわけではなくて、講座でも教えるのですが、僕が演奏するとき、宇宙とつながる音の流れというのは、インフィニティー、8なんです。

自分を中心に、龍にのっけて宇宙に音を飛ばして天とつながって、自分のところに戻ってきて、今度は下に行って地球の中心とつながって(グラウンディング)、上がって自分のところに戻ってくるという、大きな8のエネルギーのうねりです。

これを横にすると無限大(∞)で、終わりがなくてずっと続く。

このエネルギーで宇宙と地球がつながりながら、その中心に自分がいるということは、自分が天とつながり、地とつながって、中心点が自分になっているということなので、メチャメチャ、パワフルなんです。

そういうところから音を奏でていくことで、整った龍音やシンギングボウルの音を奏でる奏者となれる。

普通の人は、ボウルを持ってきて、カーンとやって、ボーンと鳴ったか、カーンと鳴ったか、音が出たか出ないかにフォーカスしているんですが、そういうこと以前に、そのための音のつくり方、整え方が大事なんです。

8とか、宇宙とつながるとか、龍とか、そんなこともイメージの中で何となく教えられて、そういえば空海も四国で八十八カ所をやっているな、四国（4）か、これも22×4＝88だということで、八十八カ所の霊場を回り始めます。

空海とゆかりのあるところに行けば行くほど、空海も応えてくれる。本当に今はずっと一緒に活動しているような感じが強くあります。まさに〝同行二人〟なのです。

不安や怖れが何もないのはなぜかと考えると、空海という存在が常にそばにいてくれて、エネルギーとしては、龍の軍団が後ろにいるみたいです。

音を奏でるときに、「ほかの人の演奏と全然違いますね。龍が肩から入って演奏している」と言われて、自分は正直そこまで意識もしていないんだけど、そういうことなのかな、と。

これは聞いた人が言うことだから、自分ではわからない。

でも、龍音の裏側には、そういう意識、音の届け方、音のつくり方、音の鳴らし方みたいなものがあるのです。そういったことを龍音シンギングボウル講座ではお教えしています。

リアルアセンションと空海の即身成仏はまさに同じものだった⁉

僕は今、皆さんの人生のために、リアルアセンションと呼んで、人生に奇跡は起こせるよということを伝えています。

僕自身も、自分自身の人生こそが奇跡の賜物なのです。

多分、震災がなかったら、そのままずっとしがないサラリーマンをやっていたでしょう。

今では、あの震災での両足骨折ほどのギフトはないと感謝しています。

あの震災からこの龍音を届けるようになったのです。

アセンションというと、次元上昇でしょう、スピリチュアルでしょう、天使がどうとか、神様とつながって、チャネリングして、そういう能力が開発されましたとやっているけど、現実に戻ってくると、仕事がないとか、おカネで苦労していたり、人間関係でいつも悩んだりケンカしていたり、意外と幸せで豊かな人生を送ることができていない人も多くいます。

スピリチュアルセッションをやっているわりに、自分の現実が立ち行かない人もいっぱいいて、バランスがよくないと思ったんですね。

だから、現実をよくしようと思ってやり始めていったのが、「リアルアセンション」と言うようになったキッカケです。
10年ぐらい前、まだ空海とのご縁を知る前ですが、リアルアセンショ
ンでは、当初、思考が大事、行動が大事、スピード感を持ってやろう、
思考×行動×スピード＝人生光転メソッドがリアルアセンションの法則
だとやっていたんですが、そこにスピリチュアリティみたいなものが大
事だなと思いました。
ただ現実だけを見ていると、思考と行動とスピードでできるのですが、
そこにはスピリチュアリティとか、宇宙とつながる意識も大事だし、音
によって、今までできなかったことができるようになっていくというこ
ともある。
音とスピリチュアリティの部分に、まだ自分自身はそんなに入ってな
かったのです。
最初は、まずは現実を変えようということでやり始めました。その後、
空海との出会い、龍との出会いがあり、宇宙とつながって7、8年前に

それをやり始めて、空海の存在をふっと感じたときに、かつて空海と一緒にワークしていた時期があったんだとか、次元を超えた親近感は今でもあるんです。

これは高野山に行ったときに思ったのだったかな。

奥の院に行くと、いつもいろいろメッセージをもらえるので、年に何回かは行くようにしているのですが、僕が言っているリアルアセンションは、空海いわく、それこそが即身成仏だ、と。

空海は、密教を日本に取り込んで体系化した。

多くの仏教は、「南無阿弥陀仏」「南無妙法蓮華経」などと唱えれば、死んだ後、仏になれる、天上界に行けると説いているのがほとんどなんですが、空海は、即身成仏といって、今、生きているときにみずからが仏になれるのだと人々に説いていったのです。

僕は、思考を変えて、言葉を変えて、行動を変えて、今、目の前の現実を変えることが大事だと言っていた。

スピリチュアルな世界にいく人は、スピリチュアルばかりを追い求めて、現実がついていかないこともあるからバランスが悪い。僕は密教を詳しく勉強したわけじゃないけど、昔から何か好きで、それで空海の存在を十代のころから意識し始めたようなところがあります。

空海から教えられたのが、リアルアセンション＝即身成仏ということでした。

自分の生きている現実で、自分がやりたいこと、思っていること、理想の現実、幸せ、豊かさ、喜びを手に入れられた状態がまさにリアルなアセンションで、僕が目指しているゴールです。

空海は、生きながら瞑想をして、その場で仏になれ、悟りを開けと言ったわけじゃない。

生きているときに全部かなった理想の状態をつくることができる、それを即身成仏と言ったんだというのが何となくわかってきて、空海を全然知らないときにリアルアセンションと言っていたけど、空海のことを意識し始めたら、たしかにこれぞ即身成仏だ！と思ったんです。

思いが大事、言葉が大事、行動が大事と、僕はいつも三位一体で言っているんですが、空海も密教の中でそれを言っているのです。

密教の神髄「身口意《しんくい》」なんとこれもリアルアセンションのことだった!?

「身口意《しんくい》」は、身（体）は行動、口は言葉、意は意図（思い）です。

思いと言葉と行動でリアルアセンションだから、密教の神髄の「身口意」はまさにリアルアセンションなんです。

空海が言っていたことと全く同じことを、空海とか密教を知らないところで僕がやろうとしていたのか。

空海の存在を知ったときに、これは同じことを言っている、なるほど、ありがとうという感じでした。

そこに、エネルギーを整えていくサポートとしての龍という存在が入ってきたのです。

京都の二条城の南側に神泉苑という場所があります。

そこは、干ばつで雨が降らなかったときに空海が龍を呼んで雨を降らせるということをやったところで、そこにも何度か行って、空海と龍のつながりを見ることができた。

空海は宇宙の叡智を法にして説いていきましたが、僕はその当時は幼かったので、密教というお経もわからなかった。

龍とつながって、お経を読むときに叩く鳴り物を鳴らして、音で人々に宇宙の叡智を伝えていたんだよと言われたときに、ああ、そこにも空海という存在がやっぱりあったんだと思ったのです。

最近は空海だけじゃなくて、神々からのメッセージとか、聖地のエネルギーとかいろいろなものがいろんな形で降ろされ過ぎて、シンギングボウルの音の中にたくさんのものが入っている状態です。

それも含めて、何をどういう切り口でやっても、ひとりシークレットで奉納をやっても、イベントをやっても、講座をやっても、どこに行っても、いろいろなエネルギーが全部そこに詰まっているから、自分なりの音が出せるのです。

五鈷杵《ごこしょ》、十種神宝《とくさのかんだから》、ひふみ祝詞、いろは祝詞、宇宙とつながるエネルギーのしくみ!!

空海が持っていた五鈷杵《ごこしょ》は、カルマを解消する法具です。

空海に敬意を表して、あれをいつも真ん中に置いて演奏します。

スサノオノミコト様という神様からいただいた光の剣があるのですが、依り代として、精麻でつくった光の剣を置いています。

前述の十種神宝《とくさのかんだから》は、ニギハヤヒが高天原から降ろされるときに天神御祖から与えられた、死人も生き返ると言われる偉大な霊力を持つ10個の宝です。内訳は以下の10個です。

沖津鏡《おきつかがみ》
辺津鏡《へつかがみ》
八握剣《やつかのつるぎ》
生玉《いくたま》
足玉《たるたま》
死《まかる》返玉《かへしのたま》
道返玉《ちかへしのたま》
蛇《おろちの》比礼《ひれ》
蜂《はちの》比礼《ひれ》
品々物《くさぐさのもの》之《の》比礼《ひれ》

これは、見る人が見ればわかります。

この図柄を麻炭で描いてほしいと職人さんにムリを言って、わざわざオリジナルでつくってもらった巻き物も使っています。

演奏のとき、両サイドに置いている幣も精麻で、日本古来の野州大麻でつくっています。

「ひふみ祝詞」と「いろは祝詞（いろは歌）」というのがあるのですが、「いろは歌」は空海がつくったと言われています。

イベントのときも講座のときも、その幣は必ず置いています。

これは宇宙とつながるエネルギーで、上昇のエネルギーと下降のエネルギーがダブルで回っている。「いろは」と「ひふみ」はセットです。

誰にも見せていないのですが、幣の中に「ひふみ祝詞」は、「ひふみ　よいむなや　こともちろらね　しきるゆゐつわぬ　そをたはくめか　うおえ　にさりへて　のますあせゑほれけん」とほつま（古代文字）で書いて、精麻でエネルギーを上げています。

「いろは歌」は、「いろはにほへと　ちりぬるを　わかよたれそ　つね
ならむ　うゐのおくやま　けふこえて　あさきゆめみし　ゑひもせす
ん」と書いて、上がるエネルギーと下がるエネルギーで、天とこの世界
をつないでいくという循環のスパイラルになっている。

それを置いて、常にエネルギーが回る状態をつくっています。

そこで、インフィニティーの8のエネルギーと22のボウルで、僕の龍
音は完成していくのです。

敷物にも、今は職人さんもいない中で、伝統的な技術を継承している
撚姫さんにつぎはぎで直してもらいながら、100年物の麻の古布を敷
いています。

麻は音がよくなるのです。

音は3段階になっていて、ドと鳴ったらドと返ってくるような音と、
1／fの揺らぎじゃないですが、聞こえるような聞こえないような周波

数体の音、倍音もそうです。

もっと深いところに行くと、霊体聴覚といって、耳で聞かず、ただ感じる体感の音みたいな、いわゆる量子的な深い音で、ドでもレでもないけど感じている音、バイブレーションがある。

表層的な音もあるけど、聞こえない音もいっぱい出ているのです。

それが量子のフィールドにも影響を与えていて、僕が麻とシンギングボウルを絡めてやっているのは、耳で聞く音がどうかじゃなくて、体感するレベルの、量子的な深いところのエネルギーが何か変わっているはずなんです。

それをハイパーソニックエフェクトといってわかる人にはわかるけど、わからない人にはわからないという世界です。

だからおもしろいのです。

量子的なところは、最近だとホワイト量子とかそういうのも、聞いてわかる人と、さっぱりわからない人がいるわけです。

伝えるときに、量子的なフィールドの何かをバイブレーションで変えているというのが近いかな。

耳に聞こえない音があって、その深い部分に作用するのが麻です。だから、野州大麻の精麻でつくっている幣を置いて、下にも敷いていて、あと、ティンシャ（チベタンベル）も、僕のはわざわざ麻をよってつくってもらったオリジナルの麻紐でやっています。

全部麻物に変えているのは、そういうことなのです。

聞こえないけど、何か違うという領域の音です。調律するレベルのもっと深いもの。

耳で聞くのではなく、チューニングメーターでは測れないところの音がある。

バーンと出る音ではなく、倍音とか揺らぎとか周波数みたいなものがあるけど、もっと深い部分です。

それはやる人の意識によっても変わっていくので、「シンギングボウルって何？」とガーンと叩いている人と、「これはとてもステキだわ」と叩く人とでは、出る音は変わらないけど、圧倒的に量子的な音のフィールドが変わるのです。

なぜかというと、その人が意図したものがそこに起こるからです。

僕は波動の学校でも、フォーカスすること、意図することの重要性をいつも言うのですが、フォーカスするとは何かというと、そこに何かを見出して、それを意識的に見るということです。

フォーカスするとそこに集中するので、明らかにそこに何かのエネルギーを見るわけです。

これは、量子力学でいうところの「観測した」という状態になるので、ファジーでよくわからないけど存在していると言われている波が粒子になるということです。だから現象化するのです。

僕は、セブンメタルのハンドメイドのボウルとか、麻とか、「ひふみ」と「いろは」とか、十種神宝とか、空海とかスサノオも、シンボルにしてそこに置いています。

空海とつながるためにも五鈷杵をシンボルにして置いていて、十種神宝も、唱えるだけじゃなくて、そこに巻き物として置いているのです。

現実的に目の前にシンボルとして置いてあることで、知らない人でもそれを見たらフォーカスできるのです。

何もないところに十種神宝の話をして、「天神がニギハヤヒに……」と言われてもさっぱりわからないけど、「この巻き物です」と言われたら、「あ、これ」となります。

そこに意識がフォーカスすることで、エネルギーが粒子化するのです。

何だかわからないファジーな状態のものが、そこで形になるということが起こる。

そうすると、この音で何をしたいとか、この音がどういうふうに届くんだろうということすらもコントロールできるということです。だから、自分の意図で、この22個で、空海、スサノオ、ニギハヤヒ、「いろは」、

「ひふみ」、天とつながる、グラウンディングする、ゲートを開く、アセンションする、そういうことすらも、音を通して意図的につながることができるということです。

ただ、届いている音は、「何かステキなメロディーですね。癒やされました」と言われるんだけど、そこに起こる基音レベルの出た音じゃなくて、耳に届く音じゃないところのほうが大きい。

龍音の神髄は、どちらかというとそんなところにある。

22という数字、これが空海なんだ。

かつていた存在のエネルギーとつながるということを、22という数字とその数のボウルでシンボライズしている。

「22が空海」と言ってただやっているだけと違って、ボウルを22個置いて、「これが空海とつながるんだ」とやることで、明快に自分がフォーカスすると、量子の世界を観測している状態になるので、現実になるのです。

波として映っていたものが粒子になって、観測すると、何かしら現象やメッセージが現れるのです。

こういうことは、今、量子力学の実験でも当たり前に行われています。

波の性質を持つ電子を観測してフォーカスすることで粒子の性質に変わる。

なぜ変わるかはいまだにわかっていないようですが、観測する、見る、注意することで波が粒子に変わるのであれば、何でも意識してやればいい。

だから、空海というメッセージとか、イメージとか、ゲートを開くとか、アセンションとか、この音でみんなの意識を開く、あるいは金粉が出ることとすら、意図してフォーカスしているから、会場に現象が起こるのです。

私たちの住むこの世界は意図的にいろんなことができるようになっているということです。

ランダム性があるから、その人、その人の状態によっても変わるけど、少なくとも感動して、癒やされたと言ってもらって、魂が喜んで、次元が上昇している状態においては、金粉が出やすくなっているはずなんです。

あとは、その人の中のほかの要因とか、カルマとか、環境とか、何かによって金粉が出る人と出ない人が分かれてくるけど、そこはランダムだから、わからないのです。

何でもそうですが、確実にこうだということは起こりません。

雪が降ると言ったけど、降らない地域もある。

全体で見たら、多くの場所は降っているけど、あそこだけ何で降らないのかと言われたら、現象がランダムに起こるからです。

言ったとおり100%全部起こったら、人生は何もおもしろくないでしょうね。

フラれるかもと思って告白するからドキドキするけど、必ずイエスと言ってもらえるのだったら、逆におもしろくない。

それが人生の楽しさ、この世界のおもしろさみたいなところもある。

例えば8割とか、多くの部分がコントロールできるようになるのは何かというと、量子的な振る舞いとか、見えないエネルギーのところを、ただ鳴らすという行為を通して意識しながらやっているということです。

だから、ゲートが開くにしろ、金粉が出るにしろ、お香の香りがするにしろ、そういう不思議なことが起こるのです。

先日の音神楽（2022年12月10日に開催されたヒカルランド12周年記念音楽イベント）のときもそうですが、帰り際に僕のところに写真を撮りに来た人たちには、「今日は金粉が出ました」という人がいっぱいいました。

皆さん、おとなしいので、さすがにお客さんが150人もいると、「はい」と言って、指されてもイヤだなと、日本人特有の恥ずかしがりなところがあるじゃないですか。なので演奏中手を挙げない人も多かったけど、あの音神楽の場所でも多くの人にそういう現象が起こっていました。

「ただシンギングボウルを鳴らしているだけの人」ではないところに奥深い神髄みたいなものがあって、それがいろんな奇跡を起こす。

音を聞いて、金粉にしろ何にしろ、出会った人が、今度は自分で音を鳴らしたり、また聞きに来たりしている中で、何か奇跡につながるような未来を引き寄せてくれたら、すごくうれしいです。

Part Ⅵ

7つの惑星と共鳴するエネルギー!?
なぜ満月の夜に鋳造するハンドメイド、セブンメタルのシンギングボウルを使うのか!?

龍音は人生の場、磁場、時空を一気に、一瞬でシフトさせることができる!!

僕はスピリチュアルなことに特化しているわけではないのでどちらかというと、リアルな部分の人生光転のプロデュースをしたい。

アーティストとしては、「龍音シンギングボウル瞑想」の音源の海外配信をやり始めています。2023年の時点で183カ国に配信しています。プロデュースをしてくれているのは、これまで数々の音楽シーンをプロデュースしてきた音楽業界の大御所HIRO Nakawakiさん。ヒカルランドからは書籍も出ています。

僕は、音の持つ魅力を、シンギングボウルを通して世界に広めていきたいと思います。

龍音は人生の場、磁場、時空を一気に、
一瞬でシフトさせることができる!!

見えない世界のエネルギーというスピリチュアリティはもちろんバックにあるのですが、それに限らず、シンギングボウルで音楽制作をして、音としての魅力で喜んでもらう。

龍音は音と見えない世界をつないでいくから、それがすごく大事で、ここにこそ真実がある。世の中が現実の中だけで完成しようとしているから、うまくいかないのですが、今は時代がだいぶ進んできて、波動やスピリチュアルな話も、聞いてくれる人がふえてきています。

一時期は、そんな話をしたら、けげんな顔をされることが多くありました。

スピリチュアリティも大事ですが、音で人生が変わるのです。音は宇宙の根本的なエネルギーであり、すべての源になるバイブレーションな

聞こえない音のヒミツ
Quantum Field Music
量子場音楽革命
光一×HIRO Nakawaki
超実力派エネルギーワーカーと
数々のヒット曲を手がけてきた敏腕音楽プロデューサーが、
聞こえない「音」の可能性を大公開する
これまでにない一冊。

のです。

その人が今、愚痴とか不幸とか、ドロドロのネガティブな世界の周波数の意識にいればそうなってしまうけれど、音で意識を違うところに持っていったら、その人の現実は変わります。

龍音を聞きに来る人は、「よかったです」と言ってくれますが、そういう人は音を受け入れることでどんどん変わります。

金粉が出たとか出ないとかそのような目の前の現象だけではなくて、人生の場、磁場、時空がシフトする。パラレルな世界にシフトすると、現実は変わります。

量子力学を学んで、人生を成功させよう、引き寄せようという方法でもいいのですが、音は、聞くだけで一気にそこに行ける速さがある。

「ほら、これを聞いたら、もうシフトしちゃっているでしょう」「ほんとだ、私、変わってる」ということを体験させてあげられる。

引き寄せを学んで引き寄せるのではなく、引き寄せた状態のエネルギーの場にシフトさせて、次元を上げていく。

講座の中で、20分とか30分の生演奏をすると、それだけで一気に時空が変わります。

そういう変化に気づいた人たちがどんどんふえていったら世の中がもっとよくなるので、もっと音が届けばいいなと思います。多くの皆さんに触れてもらいたいです。

絶対波動!?　シンギングボウルは魔法の器、アセンションするためのツールになる!!

これ以上忙しくなっても困るので、自分のことでこれ以上やりたいことはあまりありません。

もちろん、海外に行っていろいろなところでやるのもいいし、武道館をいっぱいにしたらすごいだろうなと思いますが、それが本当の望みかといったら、全然そんなことはない。音で多くの人の人生を変容できるんだと気づいてもらえたらいいのです。

それは僕がやっているから特別なのではなくて、ボウルを一つ手に入れたその人が何をするかによります。

シンギングボウルを扱う人たちがもっとふえてきたらうれしいです。最近は波動の本もいっぱい出ているし、YouTubeでも波動を語っている人がふえてきましたが、ちょっと前は、「波動」はアンチキーワードみたいなところもあって、音を聞いたら入りやすいんだけど、その奥にある、量子がどうとか、波動がどうとか言っても、あまり世の中には受け入れられませんでした。

だけど、これからはそういうことがもっと一般的になるような時代になっていくのかなと思います。

宇宙の本質は振動だから、僕は音の持つエネルギー・音霊を「絶対波動」と呼んでいますが、音はまさに絶対領域なんです。

地球も回っているときは多分ゴーッという音が鳴っているはずなんですが、地球に住んでいる人間には聞こえない。

でも、イルカとかコウモリのように、人間に聞こえない領域の超音波が聞こえる動物もいて、彼らはその領域の音を聞き分けることで、お互いぶつからないように避けることができるのです。

先日、波動の講義でもそういう話をしたのですが、この3次元の世界は相対的です。

何かと何かを比較します。自分が幸せだと思ったら幸せなんですが、あの人と比べると私は不幸とか、売り上げが去年より上がったとか下がったとか、比べますね。

例えばうちの子どもの試験の点数が90点だった。普通に考えれば、90点は高いですよね。でも、お隣の息子さんが95点だったら、お隣のほうが頭がよくて、うちの子はできないと思う。

隣の隣の隣までがそれぞれ95点、98点、１００点で、うちの子が90点だったら、うちの子が一番できがよくないとなってしまう。

そんな風に何かと比べて良い悪いの評価をするのが私たちの住むこの世界です。

相対性理論といったらアインシュタインの話になりますが、そういう難しいことではない。

私たちの住む世界は相対的なんです。

この世の中は、男と女、右と左、上と下、前と後と、全部が相対的になっているから、それを比較するために数というものがあって、この世界を評価するには数も大事だということです。数の持つエネルギー数霊のことを僕は「相対波動」と呼んでいます。

だから、22なら22で、これは何？　ということで、そこに意味が見えてくるのです。

おもしろいのは、波動測定のとき、音を聞いて数に変換することができる。これを数霊《かずたま》といい、数にして波動を転写するとエネルギーが変わる、そういう測定・調整の手法もあります。

僕の場合、音の奏者をやっているので、音というものをこの世界で見るときに、どちらかというと数にして見るのはすごくわかりやすい。比べやすいということです。

数が判断材料の基準になって、比較ができる。

ここの寿司が２００円から２５０円になったら、50円値上げしたとわかりますよね。でも、単に２５０円だったら高くなったのか安くなったのかわからない。

前の数字を知っていると、今の数字が上がったのか下がったのかがわかる。こういう比較ができる。

タイムウェーバーで分析して調整すると、あるエネルギーレベルで数による癒やしが必要な場合、数が調整対象としてバーンと出るケースも結構あります。

データベースの中にそういうものがあるんでしょうね。数をもっと突き詰めればおもしろいのですが、僕は今は数の専門家ではなくて、どちらかというと音でやっている。

数は、この世界の何かを調整していくためには論理的でわかりやすいのですが、音がすごいのは癒やしの力です。

シンギングボウルの音を通して、耳に聞こえる音の癒やしです。

倍音は、聞こえにくいけれど鳴っている。

もうちょっと深い部分、人間の耳には聞こえない可聴領域（20ヘルツから2万ヘルツ）以外の音が、実は体にも心にも意識にもよいのです。

そういう部分もあるので、シンギングボウルの倍音はとても豊かでヒーリング効果があります。

ハンドメイドのボウルはさらに倍音がいっぱい出るので、周波数を測定してグラフにすると、周波数の突起がバーンといっぱい立ち上がります。

1個のボウルを叩いて、例えば10個の周波数の倍音が10オクターブみたいな感じで出ているとしたら、22個のうち、3個鳴らしているだけでも、倍音が30個出ているわけです。

いっぱい鳴らしてメロディアスにやると、メチャメチャ音が出ている。だから、どこかの周波数帯の倍音で、心が癒やされたとか、目がスッキリしたとか、重かった頭が軽くなったとか、モヤモヤしていたストレスがなくなったとか、個人差はありますが何かしら起こることもあるということです。

癒やしという意味では、シンギングボウルを幾つか鳴らす。

何にもわからなくても、鳴らしているだけで倍音は出ているので、癒やされる。

初めて来た人がボウルの音を聞いて、「わあ、いい」と言って即買っていくのは、そういうことです。直感的に癒やされるのがわかるのでしよう。

深い部分をもう少し学んでいくと、もっといろんなことができるようになっていきます。

持っているものが実は魔法の器だということがわかってきて、そこからいろんなことができるようになっていくと、自分自身でいろんな現象を引き起こしたり、他人を癒やしたり、ゲートを開いたり、自分や社会や地球さえもがアセンションするためのツールにもなり得る。だから、シンギングボウルは奥が深くておもしろいのです。

アシュタールの12次元とタイムウェーバーの12次元そして量子力学の12次元は共通しているのか!?

最近は量子力学がはやりで、何でそんなことが起こるかわからないエネルギーの動きが、今、何となくわかり始めてきています。

物理とか化学とか数式とか、そういう部分ではまだ何十年もかかると思うのですが、量子のことが実験でわかり始めてきているのです。

エネルギーの世界＝量子場は、最初は何でもありです。幸せも不幸も、いいも悪いも、全部がエネルギーでカオスになっているという状態です。それを「幸せのエネルギー」と言った時点で、幸せと不幸にビュッと分かれる。あとは幸せを引き寄せるかどうか。

宇宙の情報フィールド、エネルギー場にある量子的なエネルギーは、幸せだけど不幸、男だけど女。例えばオスがメスになるような両性具有の魚がいますね。量子のエネルギーのもとは全部、オスでもありメスでもあるという状態なんです。

だけど、誰かが何かにフォーカスして意図すると、それが急に変わる。

「金粉が出る」と言っていると、金粉が出るということが起こる。

それは一例ですが、量子というのはすべてにおいてそうなんです。

まだ完全に解明されたわけではないですが、超弦理論によると、11次元までの存在はないとつじつまが合わないということで、物理的な理論では11次元まではあると言われています。

昔、僕がアシュタールから学んでいたのがスピリチュアリティの12次元論です。

12次元が宇宙の根元・ソース、そして11次元にアシュタールとか空海とか仏陀とかマリア様などのアセンデッドマスターがいて、10次元、9次元、8次元、7次元……と下がって、私たちが存在しているのが、3次元です。

僕が扱っているタイムウェーバーという意識領域を分析するデバイスにも背景に12次元論というのがあって、スピリチュアルでアシュタールが言っていた12次元論とタイムウェーバーの12次元論は一緒だと思ったんです。

だから、僕は12次元論を基本に考えているのです。

そこにもパラレルな次元がある。

超弦理論でも11次元までは存在すると言われているのですが、量子力学でも6次元以上はわかっていない。

まだ宇宙の真実のすべてがわかっていないので、それを議論すること自体、ナンセンスです。わからないけど、あるはずだというレベルに落ちついているのです。

僕が学んできた中では、12次元論は、スピリチュアリティも量子物理学も同じことを言っているから、次元構造が同じだと思ったのです。

僕は今までアシュタールの話しか聞いていなかったのですが、タイムウェーバーの理論を聞いたとき、12次元論か、アシュタールと同じことを言っているな、12次元までフォーカスしてアクセスできて、情報がとれたら、メッチャおもしろいと思ったんです。

僕は波動測定や意識フィールド分析もやるので、そういう情報は興味を持って見るのですが、次元論についてはスピリチュアルと量子力学的な次元構造が一緒だということに気づきます。※諸説あります。

シンギングボウルのハンドメイドとマシンメイドの音色の違いは一目瞭然！

シンギングボウルのマシンメイドとハンドメイドの違いは、聞くとよくわかる。全然違います。

ハンドメイドは倍音が多いから、人間には聞こえない低いところから高いところまでの周波数が一気に来ます。マシンメイドは単調です。

職人さんのつくったハンドメイドはすばらしい。

1個でもこれだけ違うのだから、数があったら全然違います。

マシンメイドのスリーメタルは音が単調ですが、ハンドメイドのセブンメタルは本当に音がいい。

音の良い高級なシンギングボウルは、諸説ありますが、一般に、金、銀、水銀、銅、鉄、錫、鉛の7種類の金属でできていると言われています。これをセブンメタルと言います。

また、素材についてはスリーメタル、ファイブメタル、セブンメタルと、合金の数がふえるほど音がいいのです。

セブンメタルは、昔は金とか銀をある程度入れていたかもしれませんが、最近は本当に高くて、それを入れるだけで何十万円になってしまうので、儀式的にほんのちょっと配合しているだけだということです。

恒星、惑星、衛星も含めて、明るい星は、太陽、月、金星です。

金は太陽と共鳴すると言われています。

古代のチベットで言われていたことなので、「共鳴する」とは、イメージというか、意図している状態だと思います。

金、銀、水銀、銅、鉄、錫、鉛といろいろ入れるのは、太陽系の7つの惑星（恒星・衛星を含む）のエネルギーが全部1つのボウルに入っているということです。

音を出すと、7つの星と共鳴するエネルギーがそのシンギングボウルから出ていく。宇宙とつながりましょうということで、1つの音で7つの星とつながるのです。

太陽が金、月が銀、水星が水銀、金星が銅、火星が鉄、木星が錫、土星が鉛に対応しており、それらを合金にして、職人さんが刀鍛冶のようにひとつひとつ火に入れて、トンテンカン、トンテンカンと美しい音が出るまで調整してつくっていきます。

ボウルの色も、金、アンバー、黒など様々ですが、表面にエッチング彫刻を施し、柄を入れたもの、中にはマントラが刻まれたものもあります。マントラも、あったほうがいいという人もいれば、ないほうがいいという人もいて、個人の好みです。

梵字みたいなマントラが入っているとちょっと仏教っぽいので、神社に行って使っていると、たまにツッコまれます。

先日、「梵字みたいなのが入っていますね」とツッコまれたので、「発祥がちょっと仏教的なので」と答えました。「マントラなしでつくってください」と工房に言えば、つくってくれます。

決まりではなくて、柄《がら》みたいな感じで、ただ入れているだけです。長いのは「オム・マニ・ペメ・フム」で、「蓮華の宝珠に幸あれ（人生に幸せを）」という意味の言葉です。あと、夢とか希望とか、そういう言葉が入っています。

フルムーンボウルは満月のときに手打ちすると、どうしていい音になるのか。満月は、太陽と月の間に地球があるときで、そのとき海の満ち引きが最大の大潮となります。そういう重力関係のときにつくるから、シンギングボウルにエネルギーが満ちて、いい音になるのです。

セブンメタルのフルムーンボウルは、一般的なものと比べると数が少ないので、希少価値が高い。人気があるので、すぐに売れてしまいます。

うちにも20個ぐらいは常時ありますが、ほかのものはもっと多いです。柄物は、マントラとか、ヒンドゥー教ゆかりの柄とか、仏教色が豊かになりますが、柄が目を楽しませてくれるのでインテリアとしてお部屋に飾ってみるのもよいでしょう。

ボウルは、音がいいにこしたことはないのですが、どの素材が一番いいかというよりも、自分と何が共鳴するかが大事です。

自分がいいと思った音を手に入れる。共鳴して、いいと思うのは、心の深いところで共鳴しているわけですから、それを手に入れる。

「あのイケメン、カッコいいわ。つき合いたい」という感じです。

モノとして捉えるより、音を耳で聞かないで、心の耳で聞くというか、感じる。

もちろん最初は耳で聞くのですが、耳に聞こえない音がより深いところで出ているとすると、それを心の耳で聞く。

そういう感じで捉えようとすると、より深くわかっていくのが早いのではないかなと思います。

次に、そこにどんな意味があるのかを学んでいくと、音が変わっていきます。

うちのスタッフさんも、龍音シンキングボウル講座の受講生さんが初級講座のはじめにカンカン鳴らしていた音と、上級講座を卒業していくときとでは、音が全然変わっていると言います。

もちろん僕が一緒に鳴らすこともありますが、何が大切かという話をしているとそういうエネルギーの場ができて、その中で鳴らしていると、いい音になっていくのです。

買って帰って自分ひとりでやるのではなく、こういう話をしているときにその場にいて、こういう話をもとに、ああ、そうかと思ってやると、音が変わるのです。

「うまくなる」という表現とはちょっと違います。音が変わるのです。感じる部分が出てくると、今度はそれを人に伝えられるようになる。

ボウルを買って、「シンギングボウルセッションをやりますよ」、カーンとやると、全然感じにくい場合もあります。

それは、深い部分の音がそこにどう乗ってくるかということで大分違うのかなと思います。

また、ああ、難しい、鳴らない、できないと思ってやるのと、できると思ってやるのでは、全く音が変わります。不思議です。

最初はうまくいかないのは当たり前だから、うまくいかなくていいのです。

うまくいかないからダメだと思って鳴らしていると、ダメな音が出る。

私は伸びしろがありありだと思って鳴らしていくと、メチャメチャいい音が出るようになります。何を引き寄せたいかなのです。

宇宙の根本は振動であり、音であり、固有の周波数である!!

僕は生まれが愛知の田舎だったので、天の川とか、星がメチャメチャきれいに見えました。

子どものころから、宇宙はどうなっているんだろうと思っていました。

宇宙の根本は振動であり、音であり、固有の周波数を持っている。

その周波数が共鳴するか非共鳴かという話です。

音霊、言霊、数霊とは、音にはエネルギーがあって、言葉にもエネルギーがあって、数にもエネルギーがある。

言霊とは何か。言葉も音だということです。

言葉に出すことでエネルギーを方向づける。そうすると実現します。

亀の甲羅は、どうしてこういう形になったか。

1088ヘルツの周波数だと、この形になるんです。形にも固有の周波数があるのです。

エジプトのギザのクフ王のピラミッドの「王の間」の上に、もう一個、大きな空間があることを名古屋大学の人たちの合同研究チームが見つけました。

2015年に始まったスキャン・ピラミッド計画で、宇宙から飛んでくるミューオンという素粒子のエネルギーがピラミッドをどういうふうに通るかを見て、空間があるとミューオンの量に差ができるのです。

それを日本の人たちが見つけたのです。

龍音シンギングボウルは過去世のカルマの解消につながります!!

細胞の中に染色体があって、染色体の中に遺伝子がある。

遺伝子には、物理的な遺伝情報が刻まれているのと同時に、波動的な情報も併せ持っていると考えられ、シンギングボウルの音による浄化が過去世のカルマの解消につながっていくと思われます。

それはどういうことかというと、専門的な外部機関に依頼して遺伝子検査をやると、染色体の中の遺伝子にどういう情報があるかが刻まれていて、どういう太り方をしやすいとか、どういう病気になりやすいとか、リスクがわかります。

何かやりたいけどいつも同じところで失敗するとか、行動しようと思うけどできないとか、今、人生がうまくいかない人のほとんどは、過去世からのネガティブな感情の周波数の影響を受けていることが多い。

エネルギーを測定すると、過去世からの感情のカルマが今、人生に影響を与えている。

そういうものを、龍音によって解消することができます。

龍音によるカルマの浄化です。そうすると、急に心が軽くなったという感じの変化が起こることがよくあります。

遺伝子に刻まれている情報は、医学的な遺伝子検査で分析できますが、波動的なもの、過去世からのネガティブな感情のエネルギーは、医学的な遺伝子検査をしても出てこない。

それが今の人生に与えている影響を解消して、いい状態に持っていくのが「龍音」なのです。そうすると、体の中のネガティブなエネルギーが解消します。

昔、故・江本先生は水の結晶写真撮影を開発して、「愛・感謝」「夢」

「希望」「真理」といった良い言霊を持つ言葉だと、きれいな結晶が見られるのです。

結局、ネガティブな感情とかカルマがあると、体の中は7割が水なので、その水によくない影響を与えている。

波動測定もそうなんですけど、今の体に影響を与えているエネルギーには毒素レベルというのがあって、毒素のエネルギーを引き寄せているのがネガティブな感情なんです。

そのネガティブな感情を生み出すのは何かというと、心とか、子どものころの環境とか、思いの癖とか、考え方とか、もっと深い部分の潜在意識とか、生まれ変わりの前、いわゆる過去世から持ち越してきた情報です。

感情を測定すると、人によって過去世由来と思われるネガティブな感情エネルギーがいっぱい出ます。

年をとって亡くなる直前は、今世の感情が測定では出なくなり、染色体からの感情ばかりが出てくるようなケースがある。多くのパターンがそうです。

認知症で忘れるのではなく、意識の中では、今世のことはすでに終わっていて、過去世とのつながりだけがあって、人生を全うした感というか、過去世の感情が最終的な課題として残ることがあります。

働き盛りの若い人たちは、感情の測定をしていくと今の人生の感情のエネルギーがたくさん出てくることが多く、一つ消えても、次から次へと繰り返しいろんな感情が出てきて、日々の生き方、心のあり方がとても大切だと気づかされることも多いです。

年齢とともに、今世の感情は少なくなってきて、最後は、カルマ的なものが出るのは染色体の感情だけになって、だんだんクリアになっていくのが不思議です。

Part
Ⅶ

龍音シンギングボウルの
音に乗せて自分の願いよ！
宇宙に届け!!

悪魔の囁き!?「3つの呪縛」を断ち切って、やりたいと思ったことは、まずやってみる

これからは音の時代です。サウンドヒーリング、癒やしの音だから、みんながシンギングボウルをどんどん使ってやっていく。

ひとりでやるのではなく、たくさんの人たちとやる。

最初のキッカケは、この音がいいなと思って始めるのですが、最初に癒やされた人が、次に癒やす人になっていくといいかなと思います。

僕の場合は、震災ですべてのことが強制終了になって、突然始めようと思って一気に始めたので、始まり自体がヘンにドラマチックなのですが、もう少し自然に、普通に癒やされて、いいなと思ったらやってみたらよいと思います。

いいな、やりたいなと思ったことでも、やらない人が多過ぎます。シンギングボウルに限らず、スピリチュアルでも、多くの人が独立したいとか、起業したいとか、副業でもいいし、自分で何かやりたいとか、お店を持ちたいとか、ネットショップをやりたいとか思っているけど、やらない人がすごく多い。

やれない理由で、僕が三種の神器ならぬ、「3つの呪縛」と呼んでいるものがあります。

①おカネがない
②時間がない（忙しい）
③誰か（家族や友人）に聞いてからじゃないと決められない

これが悪魔の囁きです。

おカネがないと思っているのは、本当にやりたいと思っていない。本気じゃない。

本当にやりたいと思ったら、おカネをどうやってつくるかを考えます。

だって、どうしても大好きな韓流アイドルのコンサートに行きたいと思ったら、おカネを借りてでも、韓国に行く飛行機の便を探し、高いチケットを買うでしょう。

何かやりたい、起業したいと言ってはいるけど、本気じゃないということに気づくことです。

本当にやりたいと思うのに、それをできない理由にしているのはナンセンスです。

やりたいと思ったらやればいいのです。

僕の場合は、シンギングボウルをやりたいと思ったから、とにかく探して、何十万もかかるのかと思ったけど、とりあえずやってみた。

安いのを探して、１個買ってやってみようとか思うから、すぐやめるのです。

僕は歩けるようになったら行こうと思って、買いに行って、高かったけど、まとめて7つ買っちゃったんです。

こんなにそろえちゃったから、もうやめられないわけですよ。

そういうふうに自分が戻れない状況をつくる。

それでも本当にやめたかったらやめればいいのですから、言い訳してやめる状況を突き崩していかないとダメです。

「おカネがない」というのは、大体本気ではない。

「時間がない」というのも、本当にやりたいことだったら、絶対に時間をつくるはずです。

どうしても海外旅行に行きたい、そのためにはいつ連休を取ろうとか、そんなことを考えるはずです。

「誰かに聞いてから」というのも、絶対にうまくいきません。

僕もそうだったのですが、うちは、独立しようと思ったら、奥さんが絶対に反対すると思ったんですよ。

昔はかなり転職していたので、「もう会社を辞めないでね」と約束していた。

だけど、最後は独立までの段取りを先に全部決めて辞めたんです。

例えば、奥さんに聞いたらダメと言われるだろうなと思ったら、自分の本当にやりたいことができないわけです。

友達に聞いてから、家族に聞いてからというのは、よく考えると、自分の人生なのに人に聞いて決めるのはおかしい。

家族だからといって、なぜそれをやりたいのか、どういう思いがあるのか、そういう深い部分はなかなか話せないし、伝えても伝わりにくい。

本当にやりたいと思うことがあったら、自分で決断するしかありません。

だから、言い訳をしているうちは本当にやりたいことにまだ出合っていない人が多いのです。

おカネがない、時間がない、誰かに聞いてから、という人は、まだ本気じゃないということです。自分に迷いがあるのです。

できない理由を言うぐらいだったら、もっと本気でやりたいことを探すことです。それが大事です。

僕は、そういう意味で、おカネもつくったし、時間もつくった。というか、震災で入院して会社に行く必要がなくなったので時間はありました。

でも、歩けなかったから、歩ける自由はなかった。

三種の呪縛は、とびきりの悪魔の囁きですね。

いいなと思っても、シンギングボウルは何万もする。値段が高い。それは、「何万もするのか」というほうが勝っている。

手に入れたくない自分が勝っている。本当に欲しかったらいろいろ考えて手に入れる方法を考えると思うのです。

30万円のダイヤの指輪は買うのに、3万円のシンギングボウルを高いと言っているということは、3万円の価値を見出していないわけだから、自分が本当にやりたいことではない。

でも、できない理由が勝っているのでなくて、本当にやりたいと思ったのに、これまで生きてきた中でつくり出してきてしまった言い訳の癖で、やれないようになってしまうのはもったいないです。

本当にやりたいことなのに、おカネがないとか、時間がないとか、誰かに聞いてからなんて言っていると、本当にやりたいことはできません。

やってみないとわからないのです。

やってみて、イヤだったらやめればいいし、よかったら、それでいい。

僕の場合は、最後の最後まで、音と波動の世界で活動するなんていうことは、奥さんには言えませんでした。そもそもうまく説明できない。

だから全部自分で決めてやったのです。

そこでノーが出るとはどういうことか。

なぜ奥さんが反対するかというと、会社を辞めたら給料はどうするの？生活はどうするの？となる。

だったら、会社員をやっている間に、土日とか休みだけで、音と波動だけで会社員時代の給料を超えればいいということです。

だから、土日だけでサラリーマン時代の年収以上のものをつくったんです。

「会社を辞めようと思うんだけど」

「え、生活どうするの、給料どうするの」

「いや、給料は上がるけど」

と言ったら、ノーと言わなかった。

「好きにすれば」

と言われた。

自分で全部決めないと、本当にやりたいこと、自分の人生は生きられないということです。

最近は、スターシードという言葉もはやりで、地球に来たものの、なじめないけど、とにかく使命があるはず、でも何をやればいいんだろうと言っている人がいっぱいいますが、まず飛び込んでみることです。

自分が本気だったら、本気でやってみましょう。

推しのアイドルのコンサートだったら行くでしょう。

なぜ自分の人生なのに起業しないの？という思いがあるので、そこが一番大事だと、起業したい人たちには言いたいです。

サラリーマンをやっていたころの会社の上司とか役員の人も、「僕は音と波動で生きていきます」と言ったら、「また難しいことをやり始めたね。大変だね」と言われたけど、当時よりも楽しく、自由にできています。

周りの人の見る目とか、周りの人の判断は、絶対当たらない。

あなたが何をやりたくて、どう思っているかは、あなたにしかわからないから、自分でやってみるしかない。そう強く思います。

ということで、僕は音と波動の世界に飛び出したのです。

今のままの延長で何も行動を起こさなかったら、明日も一緒、来年も一緒なのです。

変えたいという思いがそもそもなかったら今のままでいいのですが、聞くと、変えたいんですよ、もっとよくしたいんですよ、魂の使命を生きたいんですよ、やりたいことをやって生きたいんですよと言うのですが、本気になっていない人が多い。

できない理由を語るよりも自分の未来に奇跡を起こしてほしい。人生の未来に金粉を出してほしいのです。

できないと思っているのですが、何でもできますよ。

だけど、成功するには成功する方法があって、まずは始めること。そしてちょっとしたテクニックになりますが、自分だけの道をつくっていったほうがいいのです。

それをみんなに強く伝えていきたいなと思います。

成功するには人と同じではダメ！人と全然違うところに、グッと行けばいい!!

龍音シンギングボウル講座では、音の感じ方、音の聞き方の話をたくさんします。

奏者として、どうしたら成功していけるのか、私自身の経験や考え方も含め、ちょっとビジネス的な話もします。

他の一般的な講座とは、少し観点が違うのかもしれません。

これはシンギングボウル奏者に限りませんが、多くの人たちと同じことをやっていたら、多くの人たちと同じ結果になります。

みんながたくさんやっているものを今から始めたら、一番新人だし、みんなが競合なわけですから、そこは難しいです。

だとしたら、自分がそのジャンルでトップに上り詰めるような行動をすればいいのです。

だから、僕は3000円のセッションはやらないで、一気に海外に行って上っていこうと決めて、そう動いていったのです。

ビジネス戦略みたいですが、何にしろ、ほとんどのことがそうです。スピリチュアルなこととか、最近は音もはやりですが、現実に何かをしていくときに、みんなと同じことをやっていくと、みんな同じだから、何をしたらいいかわからない。

人と全然違うところにグッと行けばいいのです。

奏者として成功してほしいと思うので、講座ではビジネス的なことは結構言います。成功する人と成功しない人の違い、やり方の違い、選び方の違い、それをやっていたらそうなるよね、そうやらないとこうなるよねという、やることの違いなどです。

上級講座になると、結構スピリチュアルなことも話しますが、鳴らすときに、心地よく聞かせてやろうとか、うまく鳴らそうとか、エゴの心があると絶対にうまくいきません。

無心でやるのです。

「〝てんごく。〟さんが鳴らしているんじゃなくて、龍が肩から入って、龍がやっているよ」と言われたときに、ああ、龍がやっているのなら、僕じゃなくてもいいんだと、逆に、それで無心になれた。

「よし、今日はイベントで奏者としてうまくやるぞ」と思ったら、自分のエゴが入ります。

でも、龍がやっているんだったら、別に僕じゃなくてもいい。

「じゃ、お願い」と気楽にやると、エゴが抜けるというか、リラックスするというか、肩の力が抜けるのです。

そういう感覚でできるようになりました。

最初はどうしても自分で一生懸命やろうとするのは、しようがないです。しかしスポーツでも何でも力が入りすぎるとうまくいきません。

そうなったときに、無理に頑張って一生懸命やらなくていいんですよという話をすると、「それでいいんですか」と。

逆に、「うまくできますかね」なんて言ってくるのですが、うまくやる必要は全然ない。そんなことを結構お話しします。

フォーカスすれば必要な情報はどんどん飛び込んでくる!!

フォーカスしたものしか情報は入ってこないのです。

東京の神楽坂は何回か通っていたのですが、前述のイベントの音神楽の前に、早く着いて小一時間あったので、「ちょっとランチをとってきます」と言って、寿司が食べたくて寿司屋に行きました。

ああ、そういえば神楽坂に寿司屋があったなあと思ったんです。

以前は、そのランチを食べた寿司屋1軒しか見つけられなかったのに、その次にここに来たこのとき、4軒の寿司屋を見つけたのです。

魚がし日本一、すしざんまい、元祖寿司、ここは寿司屋通りかと思うぐらい寿司屋があった。

その前のときは全然目に入らなかった。

それは何かというと、自分が神楽坂で初めて寿司屋にフォーカスしたから、寿司屋の情報が飛び込んでくるようになったという現実です。

自分が音で生きたいと思ったら、音で何かやる情報がやってくるということです。寿司屋はそこにあったけど、そもそも自分が「神楽坂で寿司屋」なんていう意識がないから、見えているのに、脳がキャッチしていないのです。見ていない。

神楽坂の寿司屋はもっとあるかもしれませんが、歩いた通りだけで4軒も見つけました。

何にしろやりたいことがあったら、そこに意識を向けておくだけで情報が飛び込んできます。

今日は赤いものだけ注意してみようと思ったら、赤いものはいっぱいある。

ふだんは赤いものは全然目に入ってこないのに、その日だけ、赤い車とか、赤いマフラーをしている人が妙に目に入ることがあります。

自分がフォーカスしている意識がそこにあるから、その情報が入ってくるのです。これがカラーバス効果です。

そうやって考えていくと、自分が人生で本当に何をやりたいのかがわかる。

まだ使命が見つかりませんと言うけど、自分の使命とか、やりたいことを意識して生きているかどうか。

意識していないと、やってきません。

意識し始めると、情報がやってくるということです。

そうしたら、情報がいっぱいあるから、選べるようになる。

自分が選んで自分のところにやってきた情報なのに、おカネがない、時間がない、家族に聞いてからとか言っていると夢も使命もつかめない。欲しいと言っていたからやってきた情報なのに、自分でつかまないで、人が決めるのはヘンじゃないですか。

うまくいかないということで悩んでいたり、やりたいことが見つからないと言っている人たちは、みんなそうなんです。

サラリーマン時代の自分もそうだったのかもしれないという長い経験がある。

あの震災がすべてにおいてギフトで、あれから生活も大きく変わった。サラリーマンをやっているころと比べたら、やりがい、自由、豊かさ、いろんなことが数倍違います。誰もがそうなれるんです。そこは伝えたい。

音は一つのキッカケです。

シンギングボウル奏者としてやりたいという人がいたら、やればいい。

だけど、私にはムリかもと思っているのに、ムリにフォーカスしていると、ムリになってしまうのです。

やりたいと思ったことをやればいい。

そのための投資を惜しまずに、自分で決める。

自分の思いと言葉と行動、最後はそこに行くのです。

そうすると、リアルアセンションだから、空海が言っている即身成仏と一緒になります。

思考のパターンはチョー簡単です。

でも、そこにハマっていなくて、ブレていっちゃうことでうまくいっていない人がすごくいるなと思います。

やってみてから、できないことに対処すればいい。

やる前に不安を感じていたら、いつまでたってもできません。

エネルギー的には「恐怖」というマイナス感情をプラスに転換すると「勇気」になるのです。

あと、完璧じゃなくても始めることです。

完璧は一生来ません。僕も龍音奏者といっても、今でもまだ伸びしろがある。

完璧になってからやろうと思っていたら、何にもできません。

占い師でも何でもそうです。星占いで完璧なんて一生来ない。

やった人がたまたまメディアに取り上げられて有名になったり、たまたまテレビに出たり、たまたま本を出版したり、何かのキッカケがあるということです。

それからもっと精進して、自分が向上していけばいいんじゃないかなと思っています。

やりたいことを自分が見つけてやるということの順番、考え方が違っていて、損をしている人たちが多いと思います。

僕は自分でやってみて気づけたからそれが言えるだけで、自分が気づけたことを人に伝えることで、より多くの人のためになったらうれしいです。そんなことを常々思っています。

始め方がわからないなら、勉強していきましょう。

僕が波動を始めたいと思ったとき、故・江本勝先生のところに行きました。

行ってなかったら、今はなかった。

生前の認定も取れていないし、先生の講義を引き継ぐこともなかった。

でも、飛び込んでいったから、たまたま生きているときに会えた。

それから先生はすぐ亡くなってしまったのですが、先生がやっていた講義を引き継いでやることになったのも不思議です。

これはご縁でしかないと思います。

自分から行かなかったら、そのチャンスもなかった。

龍音を聞いてよかった、シンギングボウルを始めたいと思ったら、今すぐ動き出してみましょう。

推しのアイドルに会うためなら韓国まで行くでしょう。

自分が人生でやりたい使命とか夢とか願望が、アイドルのコンサート以下だったらおかしいですよね。

だから、チャレンジしてほしいと思います。

できない理由をつけちゃうと、ほんとにダメなんです。自分で「やる」と決めるしかないのです。あなたを応援しています。

思い・言葉・アクション（行動）！ シンギングボウルを始めるのは、チョー簡単です！

音に乗せて自分の願いを宇宙に届ける。

自分ができると信じない限り、多分、何をやってもできない。

やる前からできないかもと考えるよりも、やってみてダメだったら、ダメだったと思えばいい。やる前に自分の芽を摘んじゃうと、やればできるかもしれない可能性すら消してしまうので、それはぜひやったほうがいい。

絶対にもったいないです。

ひとつ成功したら、あちこちから声がかかるようになります。

僕がシンギングボウルを始めたころは、誰も何も言ってくれませんでした。

「誰？」「何それ」「何をしている人ですか」、そんな感じでした。

ネガティブな思いや言葉が、ネガティブな現実を呼ぶのは明らかです。

だから、言葉には絶対に気をつけたほうがいい。

自分がやりたいこと、やるべきことは、口に出してみる。

愚痴と、「だって」「でも」「どうせ」は、言ってはいけません。

なぜかというと、出た言葉が心に残って、量子の波が粒子に変化して、それを引き寄せます。

ただ言葉にしただけだと思うでしょうが、違います。

言葉がエネルギーの物質化を推進しているのです。

言葉をうまく使うことはものすごく大事です。

自分たちができることがあるとしたら、思いを意図することで、ファジーな量子、前述の、男性だけど女性みたいなエネルギーが、男性か女性かどっちかになるし、上か下かというカオスが、上に行きたいと思えば上が来るし、幸せだけど不幸みたいなエネルギーが、幸せになりたいと思った時点で、幸せと不幸に分かれて、あとは幸せを引き寄せるだけです。

そういうことが起こってくるので、「思い」「言葉」「アクション」が大切なのです。

昭和、平成の時代には、人の3倍働けとか、寝ずに頑張るとか、そういう感じでしたが、今は時代が変わってきて、そこは意外と簡単でいいような気がします。

寝ずに働いて3倍稼げという時代じゃないし、昔みたいに、大企業が宣伝広告におカネをたくさん積んだとか、そういうことじゃなくて、誰でもできるような時代になってきました。

そういう意味では、個人でもやりやすい時代になってきました。

特に音とか個人の活動は、逆に大企業では勝てない領域なんです。

広告をバーンとやって売り出すなら別ですが、個人でやっているほうが、ＳＮＳの力で大企業よりも拡散されます。

個人が勝てる。

今はそういう時代になってきているので、そういう流れの中で、「今やらなきゃ、いつやるの」と思うのです。

だから、やりたいことがある人は、やったほうがいいです。

シンギングボウルを始めるのはチョー簡単です。みんなやればいいのです。

やりたい人がいたら、ある程度の人数が集まれば全国どこでも教えに行きます。ほんとですよ。

今からピアノを始めますとか、ロックギタリストになりますといったら、ドレミとか音階を覚えて、コードを覚えて、大変です。

今からショパンを弾くと考えたら、メチャ難しいですよね。

シンギングボウルは、ある意味簡単に始められますが、奥が深いです。簡単に始められて、あとは学び、体験していけばいいのです。

そうすれば、見えない世界も動かせるし、見えない世界が動けば、現実世界も動く。こんなにすばらしいものはないですね。

もちろんピアノとかギターも、感動を与えたり、癒やす力がありますが、シンギングボウルの音は、ただ鳴らすだけでもいいし、自分のメロディーもつくれる。

ショパンのコピーとか、シューベルトのコピーとかではない、自分独自の世界観をつくれるので、こんなにオリジナリティーのあるものは逆にないんじゃないかなと思います。

そういう意味では、シンギングボウルを始めていくのはすごくいいと思います。

シンギングボウルだけじゃなくて、何事もゼロから始められるんだということを知ってほしいです。

思考・行動・スピード！　やりたいことをやる！人生最期の瞬間に後悔はいらない!!

「思い」「言葉」「アクション（行動）」のほかに、「思考」「行動」「スピード」というのがあります。

行動しながら思考しないと、うまくいかない。

考えて、考えて、考えていっても、満点がない。

満足する状態というか、完璧はないので、考えてばかりいると動けない。

だから動いて考える。スピードです。

考えてばかりいると動けない。

なぜかといったら、みんなそうですが、いろいろな講座に出て、もっと完璧になったらやります、まだまだと言って、やらない理由というか、自分が始めない理由を無意識につくっている。

僕の場合は、やることから入りました。

だから、サラリーマンの副業で初めてセミナーをやったときも、「3月16日（日）〇〇でセミナーをやります」と告知してから、当日までに中身を考えたのです。

普通は、セミナーをやります、内容は何にしよう、これこれと題材を考えて、完璧になったら募集開始と考えるでしょう。

完璧にならないのだから、それではいつまでも募集できない。

いつまでもスタートしない。

どんどん先延ばしになっていっている間に、環境や状況が変わる。

極端に言えば死んでしまう。命には限りがあります。

僕はいつも伝えたいのですが、3・11の震災で、自分が死ぬときのビジョンを見た。

今も絵が描けるくらい、まぶたの裏にありありとその場面が残っています。

すべての人に共通しているのは、人生の残り時間は一日一日確実に減っているということです。

僕はこれがモチベーションになっているからいいのですが、そんなことを気にしていたらつまらないと思う人もいるかもしれません。

今日を楽しく、いつかコロッと死ねればいいという人はそれでいいと思うのですが、やりたいことすらやらないで、人生の最期を迎えたら、死ぬときに後悔するはずです。

僕がまさにそれを先取りして見ることができたのは、震災のおかげです。

そのときに「もっとやりたいことをやればよかったな」と言って死んでいく未来の自分を見て、これはえらいこっちゃ、絶対にやりたいことをやろうと思って、音を始め、波動を始め、エジプトに行ったり、シャスタ山に行ったり、もっとやりたいといろいろ考えてやり始めたのですが、それがそこそこ形になってきて、いろんな人に聞いてもらえているので、やってみてよかったなと思います。

絶対に完璧はないので、残り時間が限られているということを多くの人に知ってほしいのです。

自分がこの世から消えるまでの時間は確実に減っていくので、残りの時間をどう生きるか。

最期に後悔してほしくない、それだけです。

自分の人生の最期のビジョンを見たときに、そう思いました。

すべての人には当てはまらないかもしれませんが、自分は後悔して死ぬのがイヤだったから、イヤなものをなくして、一日一生、後悔しないように、毎日を生きていきたいと思ったのです。

この考え方に共感できない人もいるかもしれません。人それぞれですから、みんなにそうしてほしいわけじゃない。

だけど、後悔するのはイヤだなと思った人は、チャレンジしてみると良いと思います。

やってみてから考える。やってみないとずっとできない。

明日、地震が来て、ビルが潰れて死ぬかもしれません。

そうなったときに後悔するのであれば、今すぐ動き出してみたらいいのです。

僕は、波動をやりたい、江本先生のところに行こう。

シンギングボウルをやりたい、とりあえず買いに行って、よし、7つ買おう、これだけ買ったらもうやめられない。

ある意味、限られた人生の時間というのに気づかされた、自分を追い込むわけではないですが、やりたいことにチャレンジしてみようと思った。

チャレンジすることがとても大事だと思います。

生まれ変わりはありますが、今回の人生は一度しかないとしたら、多くの人に後悔がない人生、満足のいく終わり、それぞれの皆さんが自分なりに、笑顔で、この人生でよかったな、ありがとうと言って死ねるような最期になるべく、これからの人生の時間を使ってほしいなと思います。

そのためにシンギングボウルがお役に立つなら、やってみればいい。

何でも自分のやりたいことをやればいいと思います。

伊藤てんごく。

龍音シンギングボウル（R）奏者。株式会社ヘブンライズ、共鳴磁場研究所 代表。 2011年3.11東日本大震災で両足を骨折し、約2ヶ月の入院生活を送る。その後、共鳴磁場研究所を立ち上げ、情報空間のエネルギー測定・調整技術を研究、オリジナルの遠隔ヒーリングを開発する。

また、独自の奏法による「龍音シンギングボウル（R）」奏者としての道を究め、2015年「龍音シンギングボウル〜空海の見た世界」でCDデビュー。その後、龍音奉納プロジェクトを立ち上げ、鹿島神宮、出雲大社など全国各地の一之宮、神宮、大社、四国八十八箇所霊場をはじめとする神社仏閣での奉納演奏を行い、その数は85箇所を超える。

2020年「龍音」デジタル音源の世界配信を開始、現在183ヶ国に向けて毎月配信している。海外ではアメリカ合衆国シャスタ山、エジプト、イタリアなどで演奏活動を行う。国内では「龍音シンギングボウル講座」を開講し、後進の育成も行い、音の世界を広げている。

また独自の人生光転プログラム「リアルアセンション（R）メソッド」のエッセンスを伝えるトークライブや起業サポートも行っている。

2023年、高野山で行なわれた弘法大師空海生誕1250周年記念祭 青葉まつりでは、金剛峯寺で奉納演奏を務めた。

CDはこれまでに「神性への目覚め〜神々との邂逅」「龍音シンギングボウル瞑想シリーズ」など15作をリリース。著書に『龍の力があなたに宿るCDブック』（ARC）がある。

伊藤てんごく。オフィシャルサイト

https://tengokuito.com/

金粉舞う響き、宇宙深淵（神縁）への超誘い！

空海からの【龍音】シンギングボウル

第一刷　２０２３年11月30日

著者　伊藤てんごく。

発行人　石井健資
発行所　株式会社ヒカルランド
〒162-0821　東京都新宿区津久戸町3-11　TH1ビル6F
電話　03-6265-0852　ファックス　03-6265-0853
http://www.hikaruland.co.jp　info@hikaruland.co.jp
振替　00180-8-496587
本文・カバー・製本　中央精版印刷株式会社
DTP　株式会社キャップス
編集担当　杉浦かおり

ISBN978-4-86742-290-8

公式 LINE
【LINE 登録者限定で 8 大特典をプレゼント！】

① たった1分であなたのエネルギー値がわかる!【無料エネルギー診断】
② 【無料遠隔ヒーリング講座】
③ 【動画】非公開：龍音動画音源の視聴権
④ 【画像】高次元から現れたアセンションの白鳩
⑤ 【画像】エジプトルクソール王家の谷
⑥ 【画像】「黄金の夜明け」金色の湘南の海と鷹と太陽
⑦ 【画像】愛知竹島の八大龍神社の火焔龍
⑧ 【電子書籍】真善美★宇宙と人生の魔法 264ページ

LINE 登録はこちらから
https://tengokuito.com/line

伊藤てんごく。公式 YouTube チャンネル
https://www.youtube.com/@tengokuito

龍音シンギングボウル瞑想チャンネル
https://www.youtube.com/@user-vn1tt4sd8g

公式 Instagram
https://www.instagram.com/tengoku_ito

Facebook
https://www.facebook.com/tengokuworld

龍音奉納プロジェクト

音色に「報恩感謝」「未来繁栄」「世界平和」「鎮魂慰霊」の思いをのせて、鹿島神宮や出雲大社をはじめとした一之宮と言われる格式の高い神社、そして高野山や四国八十八箇所霊場などを巡拝し、これまでに全国85箇所以上、奉納演奏を行なってきました。

時代の大きな変革の波の中、少しでも多くの人にこの活動を知っていただき、私たちの祈りによって子供たちの未来を少しでも明るい未来へとつなげたい。そんな思いが行動になった「龍音奉納プロジェクト」。それを言い換えるなら「音にのせた感謝と平和の祈り」です。

「龍音奉納プロジェクト」は、ひとりの奏者と「音で世界を良くしたい」と思う有志の方によって構成される、組織やしがらみも一切ない純粋なプロジェクトです。

過去の奉納実績や参加方法はこちらから
https://tengokuito.com/ryuon-project

⬇

空海×龍神アセンションヒーリング

（3コースからお選びいただけます）

伊藤てんごく。自身が、弘法大師空海と深い縁があることから、これまでに空海生誕の地 讃岐 善通寺、四国八十八箇所霊場、室戸岬御厨人窟など空海ゆかりの地において、巨大空海像から光が出る、異次元存在が写真に写り込む、お香を焚いていないのに白檀の香りが降りてくる、演奏を聴いた人の手から金粉が現れる、など様々な奇跡を度々見せられています。

そのような深いご縁から、龍音演奏と瞑想を通し弘法大師空海とつながり、またそのエネルギーを最先端の量子場測定システムを通し、音から数に、そしてエネルギー波に変換することでこのヒーリングは生まれました。また、天上龍（金龍・銀龍）地上龍（青龍・紅龍・黄龍・白龍・黒龍）といった龍のエネルギーも合わせて、最新のシステムとプログラミングによりお送りしていくものです。弘法大師空海や龍神が好きな方には、月1回のこのヒーリングは心強いサポートとなるでしょう。

空海コース　月額 4,880円（税込）
空海×龍神コース　月額 8,880円（税込）
アセンションコース　月額 18,880円（税込）

お申し込みはこちら
https://kukai22.com/

⑦ゴールドボウル
(19 ～ 21cm)

⑧プレミアムフルムーンボウル
(21 ～ 23cm)

⑨オールドボウル
17 ～ 19cm

■販売価格

①	彫刻柄 1（バジュラ A）15～17cm	48,400 円（税込）
②	彫刻柄 2（バジュラ B）15～17cm	48,400 円（税込）
③	彫刻柄 3（オウム）17～19cm	61,600 円（税込）
④	彫刻柄 4（オム・マニ・ペメ・フム）15～17cm	48,400 円（税込）
⑤	彫刻柄 5（マントラ）15～17cm	48,400 円（税込）
⑥	彫刻柄 6（ブッダアイ）17～19cm	61,600 円（税込）
⑦	ゴールドボウル 19～21cm	58,300 円（税込）
⑧	プレミアムフルムーンボウル 21～23cm	110,000 円（税込）
⑨	オールドボウル 17～19cm	78,100 円（税込）

ヒカルランドパーク取扱い商品に関するお問い合わせ等は
メール：info@hikarulandpark.jp　URL：https://www.hikaruland.co.jp/
03-5225-2671（平日11-17時）

＊ご案内の価格、その他情報は発行日時点のものとなります。

本といっしょに楽しむ イッテル♥ Goods&Life ヒカルランド

ハンドメイドシンギングボウル
7メタル製　彫刻柄入り

その音の持つゆらぎが心地よく心身を緩ませることからヨガや瞑想で使われたり、セラピストの方にも人気のシンギングボウル。

チベットやネパールでひとつひとつ作られている、ハンドメイドの一点ものです。

①彫刻柄 1（バジュラ A）
15 ～ 17cm

②彫刻柄 2（バジュラ B）
15 ～ 17cm

③彫刻柄 3（オウム）
17 ～ 19cm

④彫刻柄 4（オム･マニ･ペメ･フム）
15 ～ 17cm

⑤彫刻柄 5（マントラ）
15 ～ 17cm

⑥彫刻柄 6（ブッダアイ）
17 ～ 19cm

本といっしょに楽しむ イッテル♥ Goods&Life ヒカルランド

ドラゴンハーモニー Dragon Harmony
7メタル製 ハンドメイド龍の絵柄ボウル

■販売価格

～21cm 93,500円（税込）／～23cm 110,000円（税込）／～25cm 132,000円（税込）

龍のエネルギーを取り込むドラゴンサウンドボウル。7メタルのボウルが醸し出す圧倒的な倍音のハーモニーはまるで龍の背中に乗って次元を超える旅に誘われるかのようです。

龍好きにはたまらないハンドメイドのシンギングボウルです。

※サイズは16cm～40cmくらいまで制作可能です。

ドラゴンハーモニー Dragon Harmony
https://www.hikaruland.co.jp/products/detail.php?product_id=4272

ヒカルランドパーク取扱い商品に関するお問い合わせ等は
メール：info@hikarulandpark.jp　URL：https://www.hikaruland.co.jp/
03-5225-2671（平日11-17時）

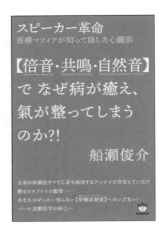

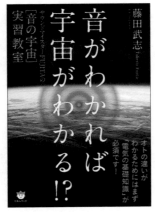

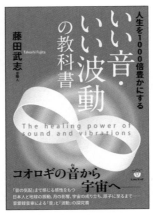

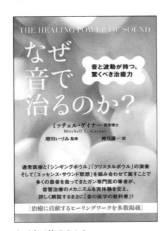